中国式
阿米巴经营模式之
经营会计操盘策略

胡忆湘　等　编著

化学工业出版社

·北京·

内容提要

阿米巴经营模式是将企业组织划小经营单元，实行自主经营、独立核算的模式，它起源于日本，为日本著名企业家稻盛和夫先生所创造，其中独立核算是阿米巴经营极其重要的环节，也是阿米巴运营能否成功实现的关键。特别是在我国企业导入阿米巴经营模式，对企业的基础管理和会计能力都是一种挑战。

本书作者用自己的亲身经历和实践总结，在日本稻盛和夫阿米巴的基础上，创建了能在中国企业落地生效的中国式阿米巴"统、分、算、奖"经营模式。本书是中国式阿米巴经营模式"算"的内容阐述和方法展示，详细描写了企业在导入阿米巴经营模式时，如何从传统财务会计向阿米巴经营会计转型；如何用数据连起企业经营的价值链；如何让企业每一个成员都能认识数据的重要性并应用数据改善业绩；如何把数据真正用到企业价值创造和价值分配的每一个环节，让经营处处看得清、算得明。

本书通过大量的案例和工具细述了经营会计核算的专业知识和实用方法，以及如何把阿米巴独立核算做细做实，使企业能通过阿米巴经营把战略实施落到实处，把人的价值发挥到极致，把企业的开源节流做到最好，进而实现企业管理的数据化、规范化、精细化和效率化。

本书集战略性、系统性、专业性、实操性和前瞻性于一体，是企业管理者学习与操作阿米巴经营模式不可多得的参考书。

图书在版编目（CIP）数据

中国式阿米巴经营模式之经营会计操盘策略 / 胡忆湘等编著 . —北京：化学工业出版社，2020.9
ISBN 978-7-122-37085-3

Ⅰ.①中… Ⅱ.①胡… Ⅲ.①企业管理 - 会计 Ⅳ.① F275.2

中国版本图书馆 CIP 数据核字（2020）第 086141 号

责任编辑：王　斌　孙晓梅　　　　　　　　　　装帧设计：王晓宇
责任校对：张雨彤

出版发行：化学工业出版社（北京市东城区青年湖南街 13 号　邮政编码 100011）
印　　装：大厂聚鑫印刷有限责任公司
710mm×1000mm　1/16　印张 15　字数 246 千字　2020 年 9 月北京第 1 版第 1 次印刷

购书咨询：010-64518888　　　　　　　　　售后服务：010-64518899
网　　址：http://www.cip.com.cn

凡购买本书，如有缺损质量问题，本社销售中心负责调换。

定　　价：78.00 元　　　　　　　　　　　　　　　　　版权所有　违者必究

序

无论什么时期,经营管理自始至终都是企业的生命主线。因为,只有经营才能给企业带来直接的利润。企业没有经营或是经营不善,就无法存活下去。

华米商务咨询的胡忆湘老师从创立华米开始就致力于把稻盛和夫的阿米巴经营管理模式带到中国,帮助中国的企业解决经营管理的实质问题。

作为胡忆湘老师多年来的老友,从胡忆湘老师在大型企业担任总裁操盘企业和市场营销开始与他相识,到胡忆湘老师自己创立华米商务咨询,时至今日,已近十个年头。

在近十年的漫漫岁月中,与胡忆湘老师在不同的场景有过多次的探讨与交流。站在"实践是检验真理的标准"看,作为一名专业的商务咨询老师,真正的水平一定是体现在"结合企业的个性基因,为其提供系统解决现实的经营管理问题",并能在方案实施一段时间后,切实让企业得到明显的提升。这是胡忆湘老师从事商务咨询奋力的方向。当然,胡忆湘老师也做到了,而且做得越来越好。

说起商务咨询与培训管理,今天已是百花齐放的景象。商务咨询与培训有着宽广的市场,并孕育出众多的企业与老师,几乎遍布大大小小的每一个行业。而在众多的咨询培训业务板块,企业最大的痛点非"经营管理"莫属。自从"商业模式"一词在20世纪50年代被提及开始,到20世纪90年代流行,再到现在,中外企业都在努力寻找一条适合自身的模式路径。

那么,什么样的经营管理能够对企业行之有效?再简单一点讲,什么是好的模式?判断模式是否"好",相信更多的人会认为最有力度的甄别"要么是案例,要么是数据"。

毫无疑问,一手打造出京瓷和日航两家世界500强企业的"经营之圣"稻盛和夫,他的经营管理是成功的,也是值得企业界研究和学习的标杆。稻盛和夫及他的阿米巴经营管理模式就是在这样的商业背景下,释放出其商业价值的力量。

阿米巴经营管理模式这种引申于自然界,个体能根据生存环境变化随时做出自身调整以适应变化的经营之道，确实是每一个企业所向往的生存法则。因为集体是由个体组成的，个体的数量与质量决定了集体最后呈现的状态。

商业界多年都在讨论一个令企业"纠结"的难题，如何来激活企业内部每个员工的工作热情及激发他们的潜能？这确实是一个令企业老板和咨询培训老师"头痛"多年的问题。而商业咨询的最大魅力就在于寻找解决企业"疑难杂症"的方法与方案。能为"一个能帮助到更多人的目标"而奋斗应该是人生的一件"幸事"，相信很多在咨询培训等智业领域的精英们对此都会有更深刻的感受。

这个"老问题"在经过多年多番的探讨之后，稻盛和夫及他的阿米巴模式应"世"而生。阿米巴经营管理既强调企业整体的价值，也强调企业内个体的价值，最主要的是让个体的价值能够在行为中自我体现，这不正是多年来企业界一直在上下而求索的"法宝"吗？

由此，商业界拉开了深度研究学习稻盛和夫及阿米巴的大时代序幕。

一种好的经营管理模式应该得到"应有价值"的推广，让更多的人受益。当然，如果从过往的市场表现观察，要让"外来"物种"本土化"，并不是简单的"拿来主义"。企业在不同的时期或是不同规模量级的企业，都要有"量身定制"的方案。作为中国式阿米巴的创始人，胡忆湘老师就是本着"量身定制"和"解决问题"的思想，把稻盛和夫的阿米巴进行了改进，形成了对中国企业更为系统实用的"统、分、算、奖"中国式阿米巴经营管理模式。

在此，最需要强调的一点是学习有深浅，也有表面与本质之分。而要在一个领域里学到本质的精髓，一定需要系统化的研究学习。企业的问题也不仅是某一个点上的问题，而更多的是系统性的经营问题。同理，企业要想得到阿米巴经营管理的精髓，也需要有系统化的接纳与转化。在这一点上，与胡忆湘老师一样在阿米巴经营这个领域有多年深耕细作的资深专业人士更具发言权。

当今，这个世界的每一个人、每一个领域每天都在发生不同程度的进步与发展，处在自由竞争市场中的企业，同样需要有自我变化与学习的能力。没错，学习力就是发展力！

但愿每一次的学习都能让企业再上一个新台阶，包括胡忆湘老师创建的这套"统、分、算、奖"中国式阿米巴经营管理模式！

刘 杰

广州时代华邦董事长

2020 年 4 月于广州

前言

亲爱的读者，您的企业是否存在以下问题？

老板——很忙，一天工作24小时都不够用；

部门——互相推诿扯皮，本位主义，不能有效配合；

员工——推责任，借口多，方法少；

干部——上面怎么说我就怎么做，应付交差；

人才——流失大，每年为招人烦心；

开会——会议多，但议而不决，决而不果；

成本——成本居高不下，投入产出不匹配，浪费资源事不关己；

报酬——年年增加工资成本，员工还喊工资低；

利润——只有老板关心，其他人只关注完成任务；

客诉——诉而不断，诉而不解，解而重复。

如果存在，本书将为您寻找原因和解决办法。

本书是笔者长期从事阿米巴经营咨询的总结，也是笔者和顾问团队从大量成功案例中提炼的企业"经营良药"。经营企业最大的困难不是资金缺乏，不是产品不好，不是人才不足，也不是对手竞争，而是经营者的观念和方法。只要观念和方法对了，企业所有的事情就对了，人才就有了，产品就好卖了，企业就赚钱了。观念和时代同步，方法和发展同步，企业就会战无不胜。

新疆帅府高新技术有限公司自2017年导入阿米巴经营模式，至2019年二年多的时间，业绩翻了几番，利润增长率年均60%。企业从一个老板亲力亲为、内耗大、成本高、效率低的公司到员工真正当家作主、内部高度协调配合、产值翻几番的优秀企业。这么短的时间，同样的产品，同样的设备，同样的人员，同样的企业，就只换了观念和方法，企业达到了改头换面的良好效果。

当企业发展困难时，帅府公司曾前后邀请过两家管理咨询公司为其把脉、找解决方法，但钱花了，问题并未解决。这到底是为什么呢？帅府的问题还有没有解决办法？帅府还能不能走出困境？带着这个疑问，也带着执着的事业心和对企业的责任感，帅府公司姜胜刚董事长找到了笔者。当姜董事长听完阿米巴模式的观念、原理、方法和解决问题的功效时，他的思绪难以平静，他的内心迸发出希望，便毫不犹豫地选择了将阿米巴经营模式导入到帅府公司，用了不到一年的时间，就从根本上解决了长期以来困扰着帅府公司发展的成本高、效率低、人才流失、利润下滑等瓶颈问题。

笔者和团队自2012年起专注于阿米巴经营模式的研究、实践和发展，在有着"经营之圣"之称的日本企业家稻盛和夫阿米巴经营模式基础上，根据中国国情和企业实情，以及中国文化和人文特点，对稻盛日式阿米巴做了有效的改进，独创了更能适应中国企业发展并能有效落地实施的"统、分、算、奖"华米·中国式阿米巴四维模型。多年来，笔者和团队不仅为新疆帅府，还为包括恒安集团、永辉超市、雅居乐地产、曼哈顿服饰、佳艺田电子、广陆能源、新疆新铝、金冠科技、伟豪集团等上市公司和著名企业咨询服务，用阿米巴经营理念和方法帮助众多企业解决了长期困扰老板们的经营与发展的效率低下、人才流失、成本居高、利润下滑、老板烦心等短板和瓶颈问题。

在长期的阿米巴落地咨询实践中，笔者和团队探索总结了一整套系统完善的中国式阿米巴知识、策略、方法和工具应用体系，这些策略和方法完全来源于实践，完全来源于案例提炼总结，完全可以学来即用、用来即效。把这些知识、方法和经验编写成系统的工具丛书，让有需求的学习者在学习和掌握阿米巴经营模式的路上少走弯路、学以致用，是笔者和团队的心愿，故而笔者一直在用心做这件事。

本书是继笔者《中国式阿米巴经营模式——企业操盘落地系统》（企业管理出版社出版）一书之后的又一本系列图书，是中国式阿米巴"统、分、算、奖"最核心的部分"算"——经营会计知识、策略、方法的系统描写与应用展示。

参与本书部分内容编写的人员还有和笔者长期奋战在企业阿米巴咨询一线的华米资深顾问徐辉老师和何云坤老师，他们为本书贡献了自己的智慧和经验，在此一并感谢！

本书的编写力求集战略性、系统性、专业性、实操性和前瞻性于一体，希望成为企业管理者学习与操作阿米巴经营模式必备的理论与案头工具书。

如您有所收获，欢迎分享给更多人！

胡忆湘
2020年4月

目录

001　第一章　经营会计的由来与概述

第一节　财务会计与企业经营 / 002

一、财务会计对经营的影响 / 002

1. 财务会计的内涵 / 002

2. 财务会计影响企业的途径 / 002

3. 财务会计对企业的影响 / 003

二、传统财务会计的局限性 / 004

1. 信息反映方面 / 004

2. 自身建设方面 / 005

3. 财务分析方面 / 005

4. 满足需要方面 / 005

三、传统财务会计的改进需要 / 006

1. 赋予管理者会计职能 / 006

2. 完善实时报告系统 / 007

3. 加强财务预算作用 / 007

4. 部门核算制度与市场紧密相连 / 007

5. 决策权限下移至阿米巴巴长 / 008

6. 全体员工共同参与经营 / 008

第二节　阿米巴经营会计的产生 / 008

一、稻盛和夫的经营智慧 / 008

1. 构建阿米巴组织 / 008

2. 创建经营会计核算体系 / 009

3. 定价是经营之本　/ 010
　　4. 管理上升为经营　/ 011
二、阿米巴经营模式对会计的要求　/ 011
　　1. 数据来源要求　/ 012
　　2. 数据透明要求　/ 012
　　3. 核算主体要求　/ 012
三、经营会计的运行逻辑　/ 012
　　1. 经营会计与传统会计的本质区别　/ 012
　　2. 经营会计的运行逻辑　/ 014
四、经营会计七项原则　/ 015
　　1. 以现金为基础经营　/ 015
　　2. 一一对应原则　/ 015
　　3. 收入费用配比原则（也称"筋肉坚实"原则）/ 016
　　4. 完美主义原则　/ 017
　　5. 双重确认原则　/ 017
　　6. 提高效益原则　/ 018
　　7. 玻璃般透明原则　/ 018
五、经营会计对阿米巴"统、分、算、奖"的支撑　/ 019
　　1. 阿米巴"统、分、算、奖"四维模型　/ 019
　　2. 用数据连起企业经营价值链　/ 019
六、怎样实现从传统财务会计到经营会计的转型　/ 021
　　1. 从"交付"到"交易"　/ 021
　　2. 从"打工思维"到"创业思维"　/ 022
　　3. 从"粗放式"到"精细化"　/ 023
　　4. 从"财务部"到"各阿米巴"　/ 023
　　5. 从"老板"到"全员"　/ 023
七、阿米巴经营会计报表的基本认知　/ 024
　　1. 经营会计关键词　/ 024
　　2. 经营会计报表　/ 025
　　3. 关于经营核算　/ 030

第二章 阿米巴年度战略性经营体系

第一节 阿米巴模式预算管理 / 038

一、阿米巴模式预算管理的特点 / 038

1. 数值+区间指标贯穿所有阿米巴，预算更具准确性 / 039
2. 可以进行不定期滚动预算，更能有效地发挥阿米巴的灵活性 / 039
3. 区分阿米巴的核算形态并进行成本状态分析 / 039
4. 实时审批，决策更具时效性 / 040

二、阿米巴模式预算管理的实施要点 / 040

1. 区分每一个阿米巴的性质 / 040
2. 制定科学合理的内部定价规则 / 040
3. 编制标准化的预算模板 / 040
4. 提供全员培训、实时辅导的财务技术支持 / 041

三、阿米巴模式年度预算内容 / 041

1. 战略性目标的预算与分解 / 041
2. 财务性目标的预算与分解 / 043
3. 成长性目标的预算与分解 / 050

四、阿米巴年度预算的编制 / 053

1. 年度预算编制的责任主体 / 053
2. 年度预算编制的汇总 / 053

第二节 阿米巴年度资源规划 / 055

一、人才发展规划 / 055

二、资源调配规划 / 056

1. 关于场地资源的盘点配置 / 056
2. 关于物质资源的盘点配置 / 056
3. 关于资金的盘点配置 / 057

三、资源整合规划 / 058

1. 企业人才资源整合 / 059
2. 品牌资源与产品资源的整合 / 059
3. 企业在转型期的内部资源整合 / 060
4. 基于企业行业特点的核心技术资源的整合 / 060

四、发展投资规划　/ 061
    1. 企业在发展投资中存在的问题　/ 061
    2. 企业在发展投资中应注意的问题　/ 062

第三节　阿米巴年度经营策略　/ 063
一、经营策略的思考维度　/ 063
二、经营策略的制定　/ 064
    1. 与国家政策有效结合　/ 065
    2. 与企业或各经营主体现有资源条件有效结合　/ 065
    3. 与组织中纵向或横向相关部门进行沟通　/ 065
    4. 综合分析各项数据　/ 065

第四节　对阿米巴经营主体的管理　/ 066
一、建立阿米巴经营委员会　/ 066
二、签订阿米巴经营协议书　/ 068
三、建立财务审计制度　/ 069
    1. 对阿米巴财务审计的范围　/ 069
    2. 对阿米巴财务审计的原则　/ 070
    3. 对阿米巴财务审计的应用　/ 070
四、建立经营分析述职制度　/ 071

第五节　阿米巴经营风险的防范　/ 071
一、企业经营风险的成因　/ 071
    1. 形成企业经营风险的内部因素　/ 071
    2. 形成企业经营风险的外部因素　/ 072
二、企业经营风险的特征　/ 072
    1. 风险的可测性　/ 072
    2. 风险的客观性　/ 072
    3. 风险的不确定性　/ 073
    4. 风险的刺激性　/ 073
三、企业进行经营风险管理的作用　/ 073
    1. 增强企业管理者、决策者对于经营风险的意识　/ 073
    2. 使企业更加快速地发展　/ 073
    3. 为企业打造一个相对安全、稳定的发展环境　/ 073

四、企业经营风险的防范措施　/ 073
　　　　1.企业的管理者、决策者必须拥有强大的风险防范意识　/ 073
　　　　2.企业必须建立健全风险防范体制　/ 074
　　　　3.企业应时刻保持信息的实效性与正确性　/ 074
　　　　4.转移和分散风险　/ 074
　第六节　阿米巴年度经营计划　/ 076
　　一、公司年度经营计划　/ 076
　　二、各阿米巴年度执行计划　/ 078
　第七节　阿米巴经营责任机制　/ 078
　　一、阿米巴目标责任体制　/ 078
　　二、阿米巴岗位责任落实　/ 079
　　　　1.目标任务分解到岗位　/ 079
　　　　2.目标完成量化考核　/ 081
　　　　3.公平奖惩、多赚多得　/ 081
　　三、阿米巴业绩循环改善　/ 081
　　　　1.业绩改进侧重点　/ 082
　　　　2.业绩循环改进　/ 082

083　第三章　阿米巴经营会计科目设计

　第一节　阿米巴经营会计体系六大内容　/ 084
　　一、经营会计责任主体　/ 084
　　　　1.经营会计组织体制　/ 084
　　　　2.巴长的会计责任　/ 084
　　　　3.财务的会计责任　/ 085
　　二、经营会计体系六大内容　/ 085
　　　　1.阿米巴会计科目设计　/ 085
　　　　2.阿米巴费用分摊　/ 086
　　　　3.阿米巴交易定价　/ 086
　　　　4.阿米巴交易规则　/ 086
　　　　5.阿米巴报表形成　/ 086

6.阿米巴数据应用 / 087

第二节　经营会计科目设计 / 087

一、科目设计的意义与作用 / 088

1.经营改善意义 / 088

2.战略实现意义 / 088

3.科目的三大作用 / 089

二、经营会计科目分类 / 089

1.收入科目分类 / 089

2.支出科目分类 / 090

3.利润科目分类 / 091

4.其他科目的分类 / 091

5.从报表结构看科目 / 092

三、四种核算形态的会计科目设计 / 092

1.预算型阿米巴会计科目设计 / 093

2.成本型阿米巴会计科目设计 / 093

3.利润型阿米巴会计科目设计 / 098

4.资本型阿米巴会计科目设计 / 100

第三节　阿米巴会计科目的调整 / 102

一、会计科目调整的时机 / 102

1.阿米巴裂变时的调整 / 102

2.核算形态变化时的调整 / 102

3.核算层级变化时的调整 / 102

4.业务发生改变时的调整 / 103

5.战略发生变化时的调整 / 103

6.其他情况下的调整 / 103

二、会计科目调整时的注意事项 / 103

1.调整时要统筹兼顾 / 103

2.调整时要一一对应 / 103

3.调整后要数据完整 / 104

4.调整后要步调一致 / 104

第四章 阿米巴经营会计费用分摊

第一节 费用分摊的原因和作用 / 106

一、费用分摊的原因 / 106
1. 有效利用成本 / 106
2. 让经营回归真实 / 106

二、费用分摊的作用 / 107
1. 形成客户关系 / 107
2. 投入产出最大化 / 107

第二节 费用分摊的形式 / 107

一、巴内费用分摊 / 108
1. 巴内分摊定义 / 108
2. 巴内分摊明析 / 108

二、巴外费用分摊 / 108
1. 巴外分摊定义 / 108
2. 巴外分摊明析 / 110

第三节 费用分摊方法 / 110

一、分摊原则 / 110
1. 受益承担原则 / 111
2. 使用付费原则 / 111
3. 分摊到最底层原则 / 111
4. 分总和相等原则 / 112

二、分摊标准 / 112
1. 公共费用分摊标准 / 113
2. 资产场地分摊标准 / 113
3. 其他费用分摊标准 / 113
4. 分摊注意事项 / 114

第四节 费用分摊确认及调整 / 115

一、费用分摊标准确认 / 115
1. 分摊标准制定者 / 115
2. 分摊标准确认者 / 116

二、费用分摊标准调整 / 116

　　　　1.分摊调整时机 / 116

　　　　2.分摊调整程序 / 117

第五节　费用分摊对阿米巴经营的影响 / 117

　　一、对预算巴的影响 / 117

　　二、对非预算巴的影响 / 118

119　第五章　阿米巴经营会计内部交易定价

第一节　定价与经营 / 120

　　一、价格是价值的标尺 / 120

　　二、内部交易定价的成因 / 121

　　三、内部交易定价的作用 / 121

　　　　1.为各经营单元的独立核算提供价格支撑 / 121

　　　　2.为公司年度经营目标分解提供数据支撑 / 121

　　　　3.向企业内部传递市场压力 / 122

　　　　4.提高资源的使用效率 / 122

第二节　内部交易定价的基础条件 / 122

　　一、独立核算职能 / 122

　　二、形成交易关系 / 123

　　三、数据基础完善 / 123

第三节　内部交易定价的六种方法 / 123

　　一、双方面议法 / 124

　　　　1.双方面议法定义 / 124

　　　　2.双方面议法应用 / 124

　　二、市场参照法 / 124

　　　　1.市场参照法定义 / 124

　　　　2.市场参照法应用 / 124

　　三、工时折算法 / 125

　　　　1.工时折算法定义 / 125

　　　　2.工时折算法应用 / 125

四、成本推算法 / 125
　　1.成本推算法的定价原理 / 125
　　2.成本推算法应用 / 126
　　3.成本推算法适用范围 / 127

五、价值分割法 / 128
　　1.价值分割法的定价原理 / 128
　　2.价值分割法应用 / 128
　　3.价值分割法适用范围 / 130

六、综合计算法 / 130

第四节　内部交易定价的调整 / 130
　一、内部交易定价调整的时机 / 130
　二、内部交易定价的调整程序 / 131

第六章　阿米巴经营会计内部交易规则

第一节　内部交易规则对阿米巴经营的作用 / 134
　一、交易对组织的影响 / 134
　　1.交易是市场的本质特征 / 134
　　2.交易对公平性的促进 / 135
　　3.交易对能动性的促进 / 135
　　4.交易对创造性的促进 / 135
　二、内部交易规则的三大作用 / 135
　　1.规范交易行为 / 135
　　2.预防交易风险 / 136
　　3.降低交易成本 / 136

第二节　内部交易规则 / 136
　一、内部交易风险规则 / 136
　　1.内部交易风险的产生 / 137
　　2.内部交易风险的种类 / 137
　　3.内部交易风险的规避 / 137
　二、内部交易数据时效规则 / 141

1.阿米巴经营中会计信息与数据的作用 / 141

2.阿米巴经营对会计信息与数据的要求 / 142

3.阿米巴经营会计信息与数据时效的保证 / 143

4.内部交易数据时效规则的编制与调整 / 145

149　第七章　阿米巴经营报表

第一节　阿米巴经营报表的作用 / 150

一、阿米巴经营报表深度剖析 / 150

1.阿米巴经营报表的种类 / 152

2.阿米巴经营报表的结构 / 152

二、阿米巴经营报表的作用 / 158

1.非预算巴经营报表的作用 / 158

2.预算巴经营报表的作用 / 159

第二节　阿米巴经营报表的编制 / 159

一、经营报表的编制规则 / 159

1.经营报表编制责任者 / 159

2.经营报表编制时效 / 159

3.科目的一一对应 / 160

4.数据的真实与准确 / 160

5.经营报表的层级性 / 160

6.经营报表的受阅对象 / 160

二、阿米巴经营的会计核算 / 160

1.阿米巴经营会计核算三级数据链 / 161

2.阿米巴经营会计核算四项原则 / 161

3.阿米巴经营会计核算逻辑 / 162

三、阿米巴经营日报表的调整 / 164

1.何时调整 / 164

2.如何调整 / 166

3.调整程序 / 166

第三节　阿米巴经营数据应用 / 167

一、从报表看阿米巴经营 / 167
　　1.横向看增长性 / 167
　　2.纵向看结构性 / 167
　　3.综合看健康性 / 168
二、巴长的自我改善 / 168
　　1.巴长经营意识 / 168
　　2.巴长自我突破 / 169
三、阿米巴经营分析 / 170
　　1.编制经营分析报告 / 170
　　2.定期经营述职 / 173
四、基于经营数据的经营决策 / 176
　　1.阿米巴用人决策 / 176
　　2.阿米巴薪酬调整决策 / 176
　　3.阿米巴业务调整决策 / 177

179　第八章　阿米巴经营模式在企业的推行

第一节　营造积极的组织环境 / 180
一、"一把手"参与 / 180
　　1.企业一把手在阿米巴推行中的职责 / 180
　　2.企业一把手在阿米巴推行中常犯的错误 / 180
二、改变组织形态 / 181
三、建立内部信任 / 181

第二节　抓好四项基础工作 / 182
一、数据的严谨 / 182
二、数据的反馈 / 182
三、核算的管理 / 183
　　1.进行观念创新 / 183
　　2.引入现代信息技术 / 183
四、全员的培训 / 184
　　1.阿米巴实学培训 / 184

    2.阿米巴哲学培训　/ 184

    3.建立学习型组织　/ 184

  第三节　科学激励及时兑现　/ 185

   一、没有激励，做不好阿米巴　/ 185

    1.吸引优秀的人才　/ 185

    2.开发员工的潜能　/ 185

    3.留住优秀人才　/ 185

    4.造就良性的竞争环境　/ 185

    5.推动阿米巴经营的发展　/ 186

   二、阿米巴激励机制的设计　/ 186

    1.职业发展激励的设计　/ 186

    2.薪酬激励的设计　/ 188

    3.精神激励的设计　/ 195

  第四节　阿米巴经营的统筹兼顾　/ 195

   一、兼顾本巴和公司　/ 195

   二、兼顾个体与整体　/ 195

197　第九章　管理者的财务基本知识

  第一节　管理者的基本会计知识　/ 198

   一、掌握会计基本知识　/ 199

   二、知晓国家财税法规　/ 199

   三、看懂财务会计报表　/ 200

  第二节　学会用报表管理企业　/ 200

   一、资产负债表的应用　/ 201

   二、损益表的应用　/ 202

   三、现金流量表的应用　/ 203

  第三节　从财务指标分析看企业经营　/ 204

   一、企业偿还能力分析　/ 205

    1.流动比率　/ 205

    2.速动比率　/ 205

3. 现金比率　/ 205

　　　4. 变现比率　/ 205

　　　5. 负债流动率　/ 205

　　　6. 资产负债率（负债比率）/ 205

　二、企业周转能力分析　/ 206

　　　1. 应收账款周转率　/ 206

　　　2. 存货周转率　/ 206

　　　3. 流动资产周转率　/ 206

　　　4. 固定资产周转率　/ 206

　三、企业获利能力分析　/ 206

　　　1. 资本金利润率　/ 207

　　　2. 销售利润率　/ 207

　　　3. 成本利润率　/ 207

　　　4. 资产报酬率　/ 207

　四、企业成长能力分析　/ 207

　　　1. 股本比重　/ 207

　　　2. 固定资产比重　/ 207

　　　3. 利润保留率　/ 207

　　　4. 再投资率　/ 208

第四节　财务内控管理体系构建　/ 208

　一、构建企业财务内控管理体系的重要性　/ 208

　　　1. 利于降低企业经营风险　/ 208

　　　2. 利于开展企业财务活动　/ 208

　　　3. 利于完善内部控制体系　/ 209

　二、构建企业财务内控管理体系的策略　/ 209

　　　1. 完善财务内部管理制度　/ 209

　　　2. 建立财务内控体系　/ 209

　　　3. 严抓财务信息质量　/ 210

　　　4. 强化企业财务内部监督　/ 210

　　　5. 加强财务队伍建设　/ 210

213　后记：新常态下中小企业管理的创新

一、中小企业的管理特性分析　/ 214

　　1.管理机制的不同　/ 214

　　2.管理职能的不同　/ 215

　　3.管理过程的不同　/ 215

二、中小企业管理创新存在的问题　/ 215

　　1.过于保守和盲目冒进并存　/ 215

　　2.资金投入不够，管理技术和手段落后　/ 216

　　3.家长制管理作风明显，缺乏企业文化建设　/ 216

三、中小企业管理创新的路径与实现策略　/ 216

　　1.初创期的管理创新策略　/ 217

　　2.成长期的管理创新策略　/ 217

　　3.成熟期（衰老期）的管理创新策略　/ 217

参考文献　/ 220

第一章
CHAPTER ONE

经营会计的由来与概述

本章从传统财务会计对企业经营的作用,以及财务会计本身的局限性给企业经营决策和经营效果带来的影响出发,分析了细化经营核算、提升组织效能、促进效益增长对财务会计的改进要求。传统财务会计向经营会计过渡发展,必须赋予管理者会计职能,必须完善适时透明的财务报告系统,必须建立部门核算制度,必须将经营决策权下移。

经营会计的创造是稻盛和夫先生在会计学领域和对企业会计学的重要贡献。在七项原则基础上建立起来的经营会计运作系统不但解决了企业精细化核算和工作责任落实的问题,还为企业的经营决策、经营改进、利益分配等带来了科学合理的依据。

中国式阿米巴"统、分、算、奖"是笔者在稻盛和夫阿米巴基础上,根据中国国情和中国文化特点创新开发的一种适合中国企业的阿米巴经营模式。它很好地继承和发展了稻盛先生的阿米巴理念、原则和方法,使阿米巴经营模式能真正在中国的企业落地生根,为中国企业带来效益增长和健康的经营管理长效机制。

第一节
财务会计与企业经营

一、财务会计对经营的影响

对于企业而言,财务会计工作是企业经济管理的神经中枢,其重要性非同寻常。充分发挥财会在企业中的作用有利于提高企业的经营效益,对于企业的长远发展也能够发挥出积极的作用。

现如今,市场环境日益复杂,伴随着经济全球化的不断深入,企业之间的竞争越来越激烈。财务会计是企业生产经营过程中不可或缺的部分,关系着企业的经济效率以及企业的长期发展,因此在新的时代背景之下,越来越被企业所重视。积极采取措施提高企业的财务会计水平,促进企业经济效益提升已经成为当务之急。

1. 财务会计的内涵

财务会计是企业通过核算、监督已完成的资金运动,获得能够反映企业经营相关的财务信息的系列经济管理活动。对企业管理,尤其是现代企业管理而言,财务会计工作在其中扮演着重要的角色,是企业稳健发展的基础保障。财务会计的运作模式基于计算机技术和相关会计软件,能够有效提高会计工作的效率,保证会计信息的真实可靠。财务会计使企业决策有了可参考的依据,不仅有益于降低企业的经营风险,更有益于企业保障自身的经济效益。图 1-1 为财务会计活动示意图。

2. 财务会计影响企业的途径

财会工作与企业的经营活动密切相关,财务会计影响企业的途径主要有以下三条。

① 控制企业的经营成本,提高企业的经济效益。企业会计工作是企业成本控制的基础,高质量的财务会计管理能够提高企业成本管理的效果,加速企业成本管理体系的建设速度,提高企业的成本管理质量。

② 以会计计量为途径影响企业的经济效益。经济效益的确定可以为企业生产经营提供参考依据,在现代企业经营管理过程中,良好的财务会计管理能

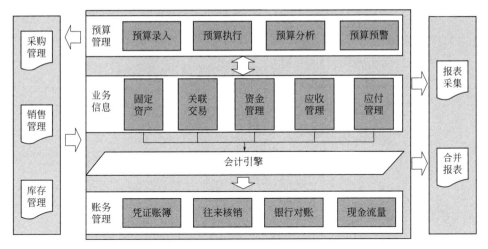

图1-1 财务会计活动示意图

够保障企业最大程度获益,而在其中发挥作用的是会计核算、统计、监督等职能。

③ 以财务管理间接影响企业经济效益。企业提高经济效益的手段是管理,财务管理是企业管理之中的重点,利用财务管理中的预测、决策、控制、分析等能够保证企业各项生产经营活动围绕企业经济最大化开展,也因此,财会管理是企业管理的核心。

3.财务会计对企业的影响

(1)科学的财务会计能够为提高企业经济效益提供依据

科学的财务会计能够客观、真实地反映企业的经济活动,并将之换算成为具体的数量值。在企业生产经营过程中,为了保证利益最大化,企业应尽可能地降低财务会计消耗,在保证企业正常经营活动顺利开展的同时,合理利用会计信息进行企业决策。

(2)良好的会计监督能够为提高企业经济效益提供保障

首先,会计监督是会计人员通过审核会计日常凭证以监督相关部门经济状况、避免企业生产经营违背国家法律规定的系列工作。其次,会计监督有利于企业盘清企业所有的财产和物品,保证实际物资与账目相匹配。如此一来,不仅能够有效地提高物资的利用率,还能够对物资的安全发挥一定的保护作用。

(3)合理的会计分析能够促进企业经济效益最大化

会计分析能够考核、分析基于企业相关的业务情况。想要保证会计分析的质量，首先必须保障拥有一套科学、有效的考核指标体系，要能够指导会计人员深入地剖析企业具体的生产经营实际，从本质上分析出企业盈利或是企业亏损的真正原因，进而为企业的后续发展提供可参考的数据资料。

（4）科学的会计经济目标促进企业改进经营状况

会计提出的经济目标能够为企业的经济活动顺利开展提供框架依据。一方面，企业在生产经营过程中不断以经济目标改善自身的经营状况。另一方面，科学的会计经济目标能够帮助企业及时发现资金占用，进而方便企业及时采取措施降低资金占用，实现资金利用的最优化。

二、传统财务会计的局限性

我们都知道，财务会计在企业经营与管理中有着非常重要的地位，在资金运筹、费用管理、成本核算、利益分配等方面发挥着重要作用。一般传统企业的财务会计都以统计会计为主，即对事后的经营数据进行总结，并按国家会计法则和法规的要求制作报表，如《资产负债表》《损益表》《现金流量表》等，（以下简称"财务报表"），以满足政府、股东、权益人等不同对象对企业经营了解和管控的需求。

企业财务报表不仅能准确地反映出某一特定时间内企业财务的运转状况，同时还能对这段时间内企业资金的流动状况进行收集、核实。企业的会计人员通过对企业财务的整体管理、分析，将分析结果以报表的形式展现出来。而企业的管理人员则通过财务报表，能够准确地掌握企业财务的具体运转状况，并依据企业财务的运转来制定今后的生产目标及发展战略。然而在企业实际发展中，由于多方面因素的影响，以至于企业财务报表无法及时、充分或正确地发挥出应有的作用。

企业财务报表不仅反映出企业的整体财务信息，同时还关系着企业今后的发展及市场竞争力的提高。然而在企业财务报表中，基于其自身的局限性，直接影响着企业的发展。这些局限性主要体现在以下几个方面。

1. 信息反映方面

财务报表信息反映不够全面和精确，这不仅会影响企业负责人的整体决策，同时还会给企业带来一定的财务风险。而在其信息反映不全面的过程中，主要体现在以下三个方面。

① 针对多数企业的经济资源，财务报表只能反映出规定范围内的货币信

息，因而在很大程度上忽视了某些客观条件。例如：企业的人力资源价值、市场竞争力、企业产能发挥、资源利用等。

② 财务报表在披露财务信息时，要想最大限度地发挥其作用，关键取决于信息披露的及时性。然而很多企业在信息披露时忽略了这点，信息披露的时间远远滞后于经营周期，滞后于管理者对数据的需求。

③ 多数企业的财务报表往往是针对企业过去的财务状况，很少对未来的财务信息进行科学有效的预测与分析。

2. 自身建设方面

在财务报表存在的局限性中，财务报表自身的不完善也成为阻碍企业发展的原因所在。在企业财务报表自身的不完善中，主要表现在以下几个方面：首先，在我国多数企业的财务报表中，其报表的表现形式只能对企业使用的货币总量进行反映，无法对其他重要信息进行反映。其次，在信息发生的时间上，财务报表只能提供已经发生过的财务信息，很难对今后的财务发展趋势进行预测。最后，一些企业的会计人员在制作财务报表的过程中，往往在资金活动的范围内进行人为的估算，因而在很大程度上降低了财务信息的精确性。

3. 财务分析方面

比较分析法、比率分析法以及因素分析法作为财务报表中常用的三种分析方法，企业会计在制作财务报表的过程中，根据自身企业的需求选择合适的分析方法。在这三种分析方法中，多数企业的会计人员使用比率分析法来制作财务报表。然而在比率分析法使用的过程中，会计人员往往通过对堆积的大量数据分析得出结论，因而所使用的信息多为已经用过的，缺乏一定的可靠性，同时分析的结论也存在一定的偏差。

而在企业经营过程当中，需要以数据为依托进行决策和改善已经越来越成为大家的共识，但传统财务会计的体制和规则对经营决策和改善的作用不大，因为会计信息来源滞后于经营周期，企业中的各级管理者对数据信息反应比较迟钝。

4. 满足需要方面

（1）无视知识资本的价值

资产负债表仅计量了实体资本，没有把创新效果、员工才干发挥体现出来。企业竞争力已经从依赖于巨额的财务资源转向依赖于企业获得和利用知识资本的能力。会计系统计量的是财务资本，而现实世界中竞争力更多地来自企业的知识资本。

（2）提供过多、过于局限、过迟的数据

结账、平衡资产与负债只不过是为了匹配收入和支出，它无助于开发更多的新产品、更富有创新精神或者赢得更多的市场份额。它只是记账的惯例，而不是经营管理。

（3）导致短视决策

传统的会计系统及管理者使用它的时间结构与提高企业绩效所要求的时间结构之间存在着严重失衡。

（4）测评的是事后结果而不是经营过程

会计系统往往是用来测评公司（或事业部）的收入、成本和利润，但是无法适应面向内部组织细分化、小单元经营的新价值观念和新核算形态。

三、传统财务会计的改进需要

由于企业财务报表自身的局限性，不仅会影响企业经营的日常运作，还有可能影响管理层的日常管理和正确决策。正如日本企业家松下幸之助所言："企业经营的紊乱首先是会计的紊乱"。企业经营数据粗糙，会计核算不细，就可能造成管理上的扯皮和混乱。

企业要产生更大效益，就要充分发挥人、财、物等要素的积极作用。划小经营单元、实行独立核算、共创共享的阿米巴组织的经营活动需要相适应的会计制度，让会计充分服务于最前线的一线管理者，使会计真正起到对经营的改进作用。从这种意义上讲，财务会计就不再是财务专职部门的职能，也不是仅以反映正确的经营结果为责任，还要在组织各管理层落实财务会计的精细化核算理念，让管理层懂得自我核算，把经营资产在使用过程中的产生效果和每一个问题都用数据进行表达。这样，就要求传统财务会计的功能和作用有针对性地升级改进，主要体现在以下几个方面。

1. 赋予管理者会计职能

企业会计人员在财务报表制作的过程中，将企业财务会计方面的信息录制到报表上，以供企业管理人员查看、使用。然而这一方式却无法为企业管理人员制定企业发展目标或今后的发展战略或经营改进提供帮助。由此就需要企业财务人员在制作财务报表的过程中，除了将企业财务信息的状况反映出来之外，还应通过对经营活动的参与了解，掌握这些信息在经营过程中的产生原因和所起的作用等，这样才能通过数据把经营看透、分析透，让数据真正起到对经营决策的作用。这就要求处理财务信息不能仅限于企业会计专业人员，而应该是企业各层级的管理者都能参与，即赋予每个管理者会计职能，这样才能达到全员经营的目的。

2. 完善实时报告系统

在完善实时报告系统中，随着信息技术的普及应用，纸质财务报告的印刷与传递方式将被网络信息取代，使用者通过 Internet 访问企业的数据库，借助计算机强大的信息处理能力，及时地获取并处理有关信息。在信息的表达方式上，也将更多地运用图形与音像方式，使信息的表达更形象，更直观，更易于被使用者接受和理解。除此之外，企业会计人员或管理者在财务报表制作的过程中，还应及时对财务信息进行披露与传递，实现数据共享，形成财务信息实时报告系统，让每一位企业管理者都能及时分享和收集到他所需要的经营预判、经营决策或经营改进所需要的数据。

3. 加强财务预算作用

多数企业的财务报表只能对过去发生过的财务信息进行分析总结，很难对未来的财务状况进行预测概括。而在企业发展的过程中，投资者或经营者将重点放在企业未来的发展前途上，在经营管理企业的过程中，对未来的预测能力和预测思考有益于提前做好企业工作的统筹安排和提前预防经营风险。受经验、专业、技术以及企业未来发展的实际状况影响，在预测企业未来发展的过程中，企业财务报表仍存在一定欠缺。而从财务角度对企业发展进行预算或预测，并编制预测财务报表，虽然不能完整地预测企业的运转状况，但能在一定程度上为企业的负责人或经营者提供相应的决策依据，使其在制定发展战略或经营决策的过程中，能够更加准确地结合企业财务现在和未来的可能状况。

4. 部门核算制度与市场紧密相连

传统财务会计中，将企业分为多个中心，如成本中心、收入中心、投资中心等。每个中心在定位上不同：成本中心为资源耗费单位，如生产车间在生产产品时，耗费原材料、人工、机器设备等；收入中心为企业创造收入的直接部门，如营销部门，通过将产品销售实现收入；投资中心则是将企业富余资金用于投资，可能多元化发展，亦可能扩张主业。在阿米巴经营模式中，完全打破了原有的中心分法，而是将企业尽量分割成各个细小并且独立经营的利润中心，将其统一到对价格的把握上来，让其接触市场，通过对市场的把控，适应市场的变化，从而使得企业更加良性运转。

5.决策权限下移至阿米巴巴长

传统财务会计下，企业的决策者高高在上，通过取得财务信息，实现对企业的管理，进而实施经营决策。在阿米巴经营模式下，企业分为了若干个细小的组织，这些组织统称为"阿米巴"，阿米巴的领导成为"阿米巴巴长"。稻盛和夫在实施阿米巴经营中，将决策权限下移，交给阿米巴巴长。通过对市场的接触和判断，阿米巴巴长会做出决策，正如华为总裁任正非所言："要让听得见炮声的人做决定"。这样，企业就有很多市场触角，可以接触到外部经济环境，通过对外部环境的分析，做出相应的决策，实现对外部经济环境的适应。这也是阿米巴对于管理会计的重要影响。

6.全体员工共同参与经营

传统的财务会计体制下，财务信息主要传递至企业的领导者或权益人，企业绝大多数人对财务信息知之甚少，对企业的经营好坏也不关心，难以发挥主人翁的作用。在阿米巴经营模式下，财务会计需要为每个阿米巴制定一套通俗易懂的会计科目核算体系，让阿米巴巴长亲自做报表，使得每个阿米巴了解自身的经营情况，从而在经营的参与方面使得每个员工都成为企业的主人。只有信息对称，才能让员工树立经营意识，才能使员工真正关心并参与到企业经营活动中来。

第二节
阿米巴经营会计的产生

一、稻盛和夫的经营智慧

1.构建阿米巴组织

阿米巴（amoeba）是一种单细胞生物，俗称变形虫。这种变形虫有三个特征：一是单细胞生存且生命力极强，能在恶劣环境下生存；二是可多细胞组合，遇到外敌形成合力，共同应对外部侵略；三是可根据外部变化情况主动调节自身机能，主动适应环境变化。稻盛和夫把他创办的第一家公司——日本京瓷，划分成一个个小组织经营单元，实行自主经营、独立核算，每个单元就是一个阿米巴。后来，他把这种组织模式引入到他创办的另一家企业——KDDI，使KDDI迅速成为世界500强，并一直保持高效发展。按他自己的说法，其奥秘全在他的经营哲学和阿米巴组织。

阿米巴组织的本质是"划小经营、复制替身"，即将组织划小经营单元，通过自主经营、独立核算加以运作，以培养更多具有经营意识的人才，实现降本增效、开源节流的目的。阿米巴组织是以人性为导向、以创造客户价值为中心的组织，它追求的是快速响应市场、快速解决问题，把全员都置身于客户价值创造和价值传递的企业经营价值链的每一个环节上，让人人成为经营者。其组织模型如图1-2所示。

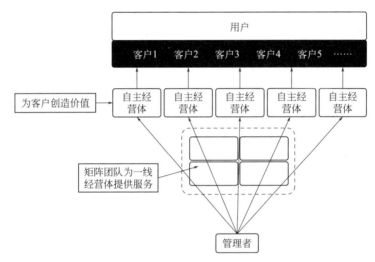

图1-2　阿米巴组织模型

2.创建经营会计核算体系

稻盛指出："所谓的'阿米巴经营'就是以各个阿米巴的领导为核心，让其自行制订各自的计划，并依靠全体成员的智慧和努力来完成目标。"在日本京瓷，之所以采取阿米巴经营，是因为随着产品种类的增多，企业规模不断扩大，业务迅速增加，哪类产品效益高，哪类产品有亏损，往往成为一笔糊涂账。只有通过划小经营、独立核算，才能把各个产品的盈亏、每个管理者的成绩看得清清楚楚，从而做出对产品和用人的经营决策。

阿米巴经营就是要让老板从日常事务中解脱，思考更为重大长远的问题。阿米巴组织运行的关键就是要确立与市场挂钩的单元核算制度。稻盛出身于技术员，没有企业经营和会计核算的相关知识，致使在创业初期难以看懂复杂的会计报表。因此，他将企业的核算简单理解为"追求销售额最大化和费用最小化"，并要求可以核算的每一道工序、每一个部门，都要学会自己算账，降低支出，增加销售。经过不断努力，原来企业中不具有独立性的各个部门，逐渐变成具有独立性的核算单元。原来部门之间的管理流程，现在变成了各自算账的交易流程。部门之间的物质流和技术流，以协商价格提供。这样，市场信息就能够迅速在企业内部传播，有助于培养所有单元的市场意识，这样就产生了能实现精细核算的经营会计。经过相当长一段时间的经验积累，稻盛先生从日本另一著名企业家松下幸之助于20世纪70年代创造的财务核算系统理念中吸取精华，完善和发展了京瓷公司的核算系统，形成了科学实用的经营会计体系，简称"经营会计学"。

应日本政府的邀请，2010年2月1日，78岁高龄的稻盛先生作为新任董事长来到日航。让他大为吃惊的是，日航这么一个巨型公司，虽然人才济济，但是经营层竟然不懂而且不重视会计。会计报表要滞后三个月才能统计出来，出来的也只是"盖浇饭"式的笼统数据。他们不知道经营企业必须依据正确、及时反映企业真实状况的数字，正如飞行员驾驶飞机而不看仪表盘一样。稻盛先生认为，这样的经营者连一家"蔬菜铺"也经营不好。于是，在向日航注入灵魂——正确的经营哲学的同时，让日航的干部学习经营的实学——简明的经营会计原则，就成为重建日航的当务之急。哲学、实学双管齐下，见效之快令人惊叹不已。不到半年，日航就开始大幅度扭亏为盈。到2010年底，也就是稻盛先生进入日航短短10个月内，就创造了日航历史上空前的1580亿日元的巨额利润。

3.定价是经营之本

按照稻盛和夫先生的思想，在阿米巴经营方式之下，制造部门为了提高自身的单位时间附加值和利润，必然尽可能缩减各类费用，严格控制生产成本。同时，价格将制造部门同市场紧密连接起来，一旦产品的市场价格发生变化，就会反映在销售部门的订单上，而佣金率往往是相对固定的，所以，当价格下降时，制造部门唯有缩减成本，控制费用，才能保持以往的单位时间附加价值和盈利率。制造部门缩减成本，马上会把信息传递到采购部门，要求降低原材料和外购件的购买价格。采购部门要想维持一定的单位时间附加价值，也必须缩减成本，控制费用。这样一来，企业中原有的不同部门，通过价格机制的联系，变成了一个个独立核算的阿米巴。在经营实践中，这种阿米巴的划分，还可以根据是否能进行独立核算、核算的条件是否具备、能否形成成本优势、会不会增加协调成本等因素，不断进行调整。

因此，在日本京瓷，稻盛和夫提出"定价是经营之本"。各阿米巴之间通过定价机制进行交易，产品价格的高低就成为影响阿米巴绩效的关键。稻盛和夫运用定价机制，将不同阿米巴紧密连接在一起，企业所有成员能够迅速感知市场变化，并积极采取对策。从管理学角度说，这种方法的本质，是以市场调节方式在一定范围内替代了过去的内部流程管理方式。

4.管理上升为经营

稻盛和夫认为，领导者如果不能比员工站得更高看得更远，就会把阿米巴引入歧途。"如果为了自身利益的最大化而践踏对方的立场，那么就无法维护公司整体的利益和道德标准。"当冲突依靠阿米巴领导者自行协商却无法解决时，就需要更高级别的领导者出面调停。这种调停的权威程度，依赖于上级的公正，其关键是上司要有"包公"式的公正理念，能够倾听双方的主张，所做出的裁定能被双方心甘情愿地接受并服从。这看起来很难，实际只要坚守"不撒谎、不欺骗、要正直"这些最基本的伦理就能做到。一旦上司的裁定有违公平，就会打击阿米巴的积极性，使组织成员丧失动力。

既然运用价格机制，按照市场调节方式可以搞好企业经营，那么，企业还需要管理吗？"看得见的手"岂不成为多余？稻盛和夫的回答是，还需要管理，"看得见的手"并不多余。然而，管理的宗旨、方式、措施需要有根本的转变。从宏观角度看，管理主要放在企业的理念建设和人才培养上；从微观角度看，管理主要是按照经济核算办法保证价格机制发挥作用。稻盛和夫指出，自利是企业发展的动力之一，各阿米巴适度的自利无可非议，但是如果每个阿米巴的领导者过分追求自利，那么就会使交易难以完成，不仅损害其他阿米巴的利益，而且会给企业带来损失，最终陷入"囚徒困境"和"公地悲剧"。为了避免出现这种情况，阿米巴经营必须以企业的经营理念为指导，站在企业全局角度思考问题，进行各种工作决策，不但对本阿米巴单元的发展负责，还要对整个企业的发展负责，这就是一种格局、一种境界，所以阿米巴经营负责人不只是一个简单的管理者，还是一个思考全局的经营者。

二、阿米巴经营模式对会计的要求

阿米巴经营模式是划小经营单元、自主经营、独立核算的模式，其中独立核算在阿米巴经营中发挥着核心作用，它使各经营单元的经营过程和经营结果看得清、算得明、奖得准。这需要会计从多层次、多角度对数据进行统计和分析，只有会计核算从粗放式向精细化转型，才能最终实现阿米巴经营提高企业经济效益的目的。为此，阿米巴运行对会计核算有以下三项要求。

1. 数据来源要求

传统财务会计是对企业一个经营周期后数据的总结和统计，而阿米巴核算要求即时反映各阿米巴经营的分类结果。这种分类结果主要体现在各阿米巴每天、每周、每月所产生的收入、成本、费用和利润情况。有条件的阿米巴都需要做"经营日报表"，以日报的形式反映经营分类结果，每日从数据中分析问题并找到解决问题的方法。所以，阿米巴核算的数据来源于经营一线即时发生的数据，要做到日结日清，不能积压，不能隐瞒。

2. 数据透明要求

传统组织管理模式多为"大锅饭"模式，即盈亏均由企业权益人（老板）负责，与员工基本没有关系。而阿米巴组织管理模式是自主经营、独立核算模式，各阿米巴的经营收益与每一个阿米巴成员的工资、奖金、分红等利益直接挂钩，员工赚不到钱不怪老板，只怪自己能力不济或工作不称职。所以，阿米巴会计核算的数据不但要有数量，还要有单价和发生对象、发生原因。阿米巴经营的所有相关数据对这个阿米巴巴长都应该是透明的，而不是数据只有财务部门掌握。企业做到数据公开透明，经营决策就更能让员工服从，管理就更能体现公平公正。

3. 核算主体要求

阿米巴经营会计核算是要各阿米巴巴长亲自参与的，而不是由公司财务部代办。核算的主体是各阿米巴巴长，而不是财务部专职人员。巴长只有对本巴所有经营数据都清清楚楚，才能掌控本巴经营过程，主导改进经营业绩。特别是巴长亲自做阿米巴经营报表有利于其对数据的重视，进而提升巴长的工作能力。

三、经营会计的运行逻辑

1. 经营会计与传统会计的本质区别

经营会计是阿米巴经营重要的落地保障。经营会计用数据反映现场，用数据分析与改进问题。它用对企业经营过程细分化的一套科学核算体系，清晰地反映企业和各阿米巴主体的经营现状。经营会计将复杂的问题简单化，让阿米巴全体成员都一目了然地了解阿米巴的损益状况。管理者凭数据做出决策，员工凭数据体现贡献，这也是阿米巴经营模式的精髓所在。

在传统的财务会计报表中，企业管理者无法一个人在这些繁杂的数据中看到企业哪一项业务能够保持盈利、哪一项业务正处于亏损状态、哪一项业务需要发展壮大、哪一项业务必须控制收缩并立即制定相应的对策。但阿米巴经营会计能把数据用到实处，让企业内部所有员工时刻盯着这些数据的变化，把数据时刻运用到工作中，形成简单易懂的阿米巴经营报表。它与传统财务报表有很大的区别。

阿米巴经营会计报表与传统财务会计报表的对比如表 1-1 所示。

表 1-1　阿米巴经营会计报表与传统财务会计报表的对比

对比要素	传统财务报表	阿米巴经营报表
制作者	公司财务专职会计	各阿米巴巴长
计算依据	国家有关法律法规	公司内部规则/规定
报表层级	公司综合财务报表	各阿米巴经营报表
报告对象	权益相关人、工商税务部门	各级阿米巴巴长
作用	报告财务状况和经营业绩	掌握经营并及时调整对策
功能	记账、核算、报税	核算、改善、决策
报表周期	月、季、年	日、周、月、年

（1）区别一：目的对象和用途方面

在目的对象方面，传统财务会计主要向公司权益人报告公司的财务状况和经营成绩。一般服务和提供财务数据的对象是股东和企业负责人。而阿米巴会计的数据提供对象是企业中的各级经营管理者或巴长。

阿米巴经营会计报表最大的作用在于通过精细化和多层化的数据核算，把经营看得清清楚楚。由于阿米巴巴长是经营报表制作者，数据对阿米巴全员都是透明的，所以通过阿米巴会计报表的编制和阅读，能激发巴长及成员的经营意识，即时反映阿米巴经营状况。

（2）区别二：核算周期方面

传统财务会计报表一般是事后统计，一般以月度、季度或年度为周期，对过去一个较长周期的财务数据进行统计分析。

而阿米巴经营报表是即时反映经营状况，一般做到日报、月报，以天、周、月、年为周期，对短期内的经营状况数据进行统计、核算和分析，为经营者提供非常及时的经营改善或决策依据。

（3）区别三：合规性方面

传统财务会计报表需要符合相关的法律法规，而阿米巴经营报表只要符合企业内部规定即可，数据的获取和应用更接地气。

（4）区别四：会计原则和科目方面

阿米巴经营会计核算遵循稻盛和夫提出的经营会计七项原则：以现金为基础经营、一一对应原则、收入费用配比原则、完美主义原则、双重确认原则、提高效益原则、玻璃般透明原则。科目按照这七项原则并以方便进行经营分析与改进为前提进行设计。

而传统财务会计科目是按有关会计的法律法规要求进行设计的，它强调的不是对企业经营的改善，而是对企业的了解与控制。（关于会计科目的设计在后续章节中有详细的描述。）

2.经营会计的运行逻辑

阿米巴经营会计的工作是有逻辑关联的，从通过交易定价产生收入核算（含内部收入和外部收入）、经营过程中产生的支出核算（含支出成本和支出费用）、费用分摊核算（含巴内分摊和巴外分摊）以及税金的核算，最终结果反映在阿米巴的经营利润上来。再将实际利润与目标利润相比，找出差距，进行经营分析和改进，周而复始、循环往复。只有系统地完成了这些工作，才可能最终形成阿米巴经营报表并利用报表对经营分析改进，这就是经营会计的大逻辑。经营会计的运行逻辑如图1-3所示。

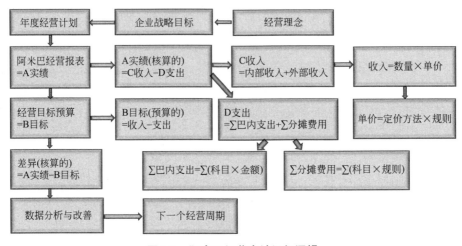

图1-3　阿米巴经营会计运行逻辑

从上图可以看出，经营会计工作涉及定价交易、费用分摊、数据收集、科目核算、差异分析、改善决策等工作，是一个完整的对企业战略和年度经营计划执行的承接系统，也是阿米巴经营模式落地的桥梁工程。

阿米巴经营模式是全员参与型经营模式，特别是各层级阿米巴长需要按照上述逻辑的内在关系坚持做好经营会计报表，用经营会计链接阿米巴经营各环节，用经营会计报表反映各阿米巴对企业战略的实施情况。

四、经营会计七项原则

稻盛和夫在会计上是外行，而创业和经营要求他必须弄清楚会计是什么。因此，他以"作为人何为正确"为原则来考虑会计问题，不拘泥于会计制度规范，而是直逼会计的本质。随着京瓷的发展壮大，稻盛和夫关于会计的理念和思考，逐渐系统化为"会计七原则"。

1. 以现金为基础经营

近代会计以年度为单位，从收入中扣除所有费用，就是利润。按照会计制度，收支钱款的实际时间与其成为可核算的收益和费用的时间不一致，往往导致账面数字与实际现金数量脱节，在企业经营实际过程中出现账面盈利但手头没钱的现象。另外，有些资产在账面上是财富，在事实上已经变成了垃圾，账目没错却没有现钱。有些企业经营者根据账面上的利润进行决策，以借贷的方式筹措资金，为开拓新事业或增加生产设备进行投资。然而，依靠借贷进行投资，会直接受到市场利率、资金供需变动以及政府和银行的政策影响，一旦银根紧缩，企业的资金链就有断裂的危险。所以，稻盛和夫强调，企业经营必须以手头的现金为基础，努力提升自有资本比率，保证自己的现金流量。

2. 一一对应原则

企业经营过程中，必然发生钱和物的流动，稻盛和夫要求必须保证钱、物和票据一一对应。表面看来，这种对应是理所当然的，但现实中却往往不是如此。稻盛说："票据已经先行处理了，货物后来才送到。又或者相反，货物先送到了，票据却等第二天才开。这种情况，即使在一流企业也会频频发生。这样的'票据操作'乃至'账簿外处理'，哪怕只允许一丝一毫，都意味着数字不过是一种权宜之计，想怎么改就怎么改。说得极端些，这样，这个企业的结算就不值得相信了。"因为一旦允许不对应，就会产生欺骗。例如，这个月销售数据不理想，就和关系好的客户串通先开出一张票据来把账面"做"好看，这样的公司将会没有道德，也没有前途。在京瓷，稻盛先生坚决要求杜绝这种行为，"构建一个玻璃般透明的系统，使隐蔽或模糊事实的企图变得不可能。"不论在什么情况下，都必须保证钱、物和票据的一一对应，尤其是赊销和赊购，每一笔对应的是什么必须清清楚楚，不能笼统对冲。坚持贯彻一一对应原则，数据就能够如实地反映经营事实，票据上的数字累加起来，就是公司整体的真实数据，据此做出的结算报表就能够如实体现公司现状。更重要的是，贯彻该原则能够提高公司的道德水准，使员工相互信任，对于保证企业健康运行具有重大意义。

3.收入费用配比原则（也称"筋肉坚实"原则）

公司股票一旦上市，为了让股民维持信心，经营者就需要维持企业的良好形象。装饰形象就会衍生出赘肉。稻盛认为，经营者必须具备坚强的意志，克服过分美化企业的诱惑。大致而言，可以通过如下措施实现收入费用配比原则。

① 减少固定费用，降低生产成本。京瓷的经验是采购二手货。创业之初，由于缺乏资金，往往购买二手设备。一手设备的价格往往是二手货的十几倍，但工作效率可能只提高了两三倍，相比于价格便宜的二手货，其投资效率并不高。若企业过分投资先进设备，固定费用会迅速增加，盈亏平衡点会大幅上扬，不利于企业的持续发展。

② 及时清理库存。京瓷采取订单生产方式，会按照正常的良品率额外生产一定数量的产品，这些额外产品会变成卖不出去的库存。例如，有一万件产品的订单，为了保险起见生产了12000件，这2000件存在库房的产品尽管品质没问题，但已经没用了，稻盛把它比喻为"路边的石块"。他主张，不能为了资产账面上的数字好看而将已经毫无价值的东西作为财产放着。库管人员不会清除这些"石块"，经营者应该时常亲自检查仓库，及时将"石块"清理出去。这就是稻盛的"陶瓷石块论"。

③ 警惕固定费用的增加。稻盛说的固定费用，主要包括设备费用与人工费用。稻盛认为，大量的设备投资和非生产员工的增加，实际上是"虚胖"，必须高度警惕。

④ 靠汗水换取利润，绝不投机。稻盛十分反感滥用"理财"概念，对"风险投资"深恶痛绝，认为那就是投机。日本泡沫经济时代，许多企业空手套白狼，从银行贷款买地皮，转手卖掉就能发财。对这种得来全不费工夫的利润，有些企业趋之若鹜。然而，稻盛认为："只有自己额头流汗、辛勤工作赚来的

钱，才能成为利润。"所以当银行建议稻盛投资房地产时，他坚决拒绝。正因为稻盛经受住了这种诱惑，才使得京瓷在泡沫经济的冲击下岿然不动。

⑤ 即用即买。稻盛提出："不要预算制度，需要花钱时，即时申请，即时裁决。"在采购方面，稻盛坚持"买一升"原则，就是哪怕买一斗更便宜更诱人，我只买眼下需要的一升，绝不积压。

4. 完美主义原则

稻盛和夫说："所谓完美主义，是指不允许暧昧和妥协，所有工作都要追求完美，达至每个细节。"身为企业的经营者，不但要宏观把握企业的发展方向，而且要了解工作的细节。"甚至可以说，部下请假的时候，自己如果不可以代替他工作，就没有资格做领导。"对于生产、销售目标以及研究开发的进度，都要百分之百确保实现，哪怕差一点点，也绝不通融，否则，"公司经营就会怠慢，公司内部纪律就会松弛。"对于会计统计数据，经营者要严格审核，不允许出现任何错误。经营者自身严格贯彻执行，完美主义原则就能够渗透到整个公司，成为每位成员的习惯。"对不起，我重做"是一种遁词，错误不可能用橡皮擦掉。

5. 双重确认原则

稻盛和夫倡导"以心为本"的经营理念。他认为，人心是脆弱的，同时又是最可靠的。因为人心具有脆弱性，所以需要制度来加以约束，避免员工因为一念之差而铸成大错。为此，京瓷从原材料的接收、产品的发送到应收款的回收，整个管理系统都实行"双重确认"制度，让两个以上的人和部门互相审核，互相确认，由此推进工作。具体而言，对于进出款项的处理，开票的人和管钱的人必须分开；对于每日合计的现金余额，必须同票据数额保持一致，不仅是总额一致，而且必须在每一个时点都保持一致；对于公司印章，设置双重护锁，使用必须经过两人；采购物品和服务时，需要物品的部门必须向采购部开具委托购买的票据，请采购人员发出订单，禁止需要物品的部门同供货商直接联系；对于赊销赊购款项的收付，亦非销售人员一手包办，而是一律通过公司财务部办理；对于废料处理，必须双重确认数量和金额；乃至自动售货机和投币电话的现金回收，尽管数字很小，也不能一人办理，而要两人互相确认。稻盛和夫强调，双重确认原则并非基于对员工的不信任，更非"人性恶"的假设，而是出于防范人心脆弱的一面，"是经营者对员工的关爱之心，是不让员工犯罪的善的信念。"

6. 提高效益原则

阿米巴经营的最终目的都是提升经济效益，企业中每一个经营者在决策和处理事务时都要始终坚守这一原则。在日本京瓷，提高效益的方式，主要表现为阿米巴经营的"单位时间效益核算制"。"阿米巴的经营计划、业绩管理、劳务管理等所有经营上的事都由他们自己运作。"由阿米巴实现全员参与的透明经营，独立核算。需要注意的是，阿米巴经营是把市场规则运用于企业内部，但绝不是倡导阿米巴之间的激烈竞争，而是通过价格机制和阿米巴的独立核算能够明确反映出其对公司整体做出的贡献，推进公司的互相支持和共存共荣。

7. 玻璃般透明原则

经营的透明，首先要表现为光明正大的财务，绝不可在财务上做手脚。不但高层要知道员工在干什么，而且员工也要了解高层在干什么。松下幸之助曾经为公司规模扩大后如何实现信息公开和透明而苦恼，稻盛和夫的阿米巴经营解决了这个问题。但是，要保证阿米巴的良好运行，还需要公司的整体信息能够全面准确及时地传达到每个员工。实行阿米巴经营的前提之一在于组织成员之间互相信任。员工对领导是否信任取决于领导能否如实公布信息，并率先垂范，"经营者带头奋斗的身影，员工们会一目了然。"部分领导者出于保密原因，主张不公布企业的经营数据。稻盛认为这种行为弊大于利，因为员工无法得知企业的相关情况，就难以同领导人产生共鸣，更不会产生努力工作的动力。为了做到玻璃般透明经营，稻盛和夫主张最重要的是领导者要严格自律，公正无私，然后将领导思考的问题、企业的现状以及目标如实告知员工，即便有"不好的事"，也要及时如实通报。企业上市之后，就成为社会公器，如实公开信息更是经营者的职责所在。当企业经营出现困难时，及时公开有助于给投资者传达正确信息，避免谣言，长远来看有利于增强投资者信心，提升股价。稻盛和夫强调，如果企业始终坚持一一对应等管理会计原则，对企业的现状了然于胸，那么自然就不会担心信息公布之后可能出现意料之外的问题。所以，一一对应原则是实质条件，玻璃般透明原则是限制条件。企业经营者坚持正确的做人之道，彻底贯彻一一对应原则，水到渠成就能够做到玻璃般透明。反之，如果经营过程中存在不规范行为，那么经营者当然不敢落实玻璃般透明原则。

坏的制度使好人不能做好事，甚至迫使好人不得不做坏事；好的制度则使好人能做好事，甚至迫使坏人不得不做好事。人性的善恶之争往往各执一端，如果仅仅强调人性善，就会忽视制度的作用，使做好事的人得不到保障；如果仅仅强调人性恶，就会使制度走向消极面，只能防范人做坏事。稻盛和夫跳出了这种人性善恶之争，他强调公认的伦理观念，从正确做人开始，以呵护和弘扬人性之善为基点，同时又看到人性的脆弱面。由此进行的思考，就不是从会计教条出发，而是从实际生活出发，在稻盛的经营实践中总结出会计七原则。稻盛的会计学，其本质是"人的会计学"，这正是不懂会计的稻盛为会计学做出的最大贡献。他的会计学和他的经营哲学结合在一起，用"抑恶扬善"四个字概括，足矣。

五、经营会计对阿米巴"统、分、算、奖"的支撑

1.阿米巴"统、分、算、奖"四维模型

阿米巴"统、分、算、奖"四维模型（简称中国式阿米巴）是笔者在日本稻盛和夫阿米巴的基础上所独创的能在中国企业落地生效的阿米巴经营系统。它是以稻盛和夫阿米巴"经营哲学、组织划分、经营会计"为内核，结合中国文化、中国企业特点，以人性为根本，以客户价值为中心，将内核向外作恰当的扩展，以使阿米巴经营模式能在中国企业产生更大的效用。

中国式阿米巴是一种经营策略，也是一种盈利模式，是在正确的企业战略和哲学思想引导下，通过顶层设计、组织创新、经营核算和人才激励，以划小经营单元的自主经营、独立核算制加以运作，在增加企业组织活力和系统能力的同时，不断培养具有经营意识的人才，实现共创共享全员参与经营的全员经营模式。

阿米巴"统、分、算、奖"四维模型系统解决了企业的战略统领（顶层设计）、组织划分（组织创新）、经营会计（独立核算）、人才激励（人才机制）四大问题，形成了从战略到执行的企业经营系统化、规范化、标准化、平台化、数字化的运营体系。其中"算"即经营会计这个模块是阿米巴能否在企业落地的关键，它起到了阿米巴运行桥梁作用。图1-4为中国式阿米巴四维模型图。

2.用数据连起企业经营价值链

经营会计用数据反映和改善经营，在整个阿米巴运行体系中起到承上启下的桥梁作用，它是阿米巴是否成功落地运行的最基本的条件。中国式阿米巴"统、分、算、奖"四个模块均与数据及其内涵分不开。

统——战略预判离不开数据；分——资源配置离不开数据；算——目标预

图1-4 中国式阿米巴四维模型

算离不开数据;奖——利益分配离不开数据。

可以说,没有数据支撑的企业经营就是盲人摸象,没有数据支持的阿米巴就不可能成功。通过经营会计的数据分析,可以为企业管理带来四大作用。

(1) 利于管理者全面客观地了解企业情况

传统管理一般的报表资料或者数据结果通常只能反映企业在某个部分的实际情况,而且仅仅对这些数据资料进行表面的查看,往往很难从中得到有效的信息,也很难从中发现潜在的问题,企业的真实情况得不到及时有力的反馈,长此以往,不利于企业的健康发展。通过阿米巴经营会计对企业数据报表、运营数据资料全面地整理收集,并对其进行深入的归纳和研究分析,可以给企业的管理者提供更为客观、系统、全面的数据分析报告,全方位地向企业管理者反映企业的真实运营情况。

(2) 利于管理者进行更科学合理的决策

管理者的决策直接决定着企业的发展方向,而要做好决策的准备,就需要管理者能够充分把握市场经济规律。在市场经济的大背景下,企业之间的竞争非常激烈并且形势复杂,要掌握其内在客观规律,需要在实践中积极地进行探索,不断地总结经验教训。数据分析通过对相关数据的针对性研究和分析,拨开隐藏在数字和报表背后的深层次内容,充分挖掘出其本质的内涵,并且在对其不断加深的认识过程中不断进行总结,实现对企业各种客观情况的深入认识。管理者通过对数据分析结果的认知和把握,能够更客观地制定相关的企业决策和发展计划,实现更为科学有序的统筹管理。

(3) 有利于数据资料的进一步开发和利用

数据的采集和汇总来自企业经营的每一个经济活动过程。在传统的企业管理中，这些辛苦得来的数据并没有发挥出其应有的价值，数据的利用率极低。而阿米巴模式下经营会计相关的数据分析和研究，可以将其转化为对市场和企业发展都有益的有效信息，实现数据资源的合理开发和利用。

（4）利于监管部门更好地发挥其作用

企业决策者或监管部门要发挥好对企业全盘的监管作用，需要全面掌握大量客观真实的企业数据和资料。通过这个过程，可以很好地实现对企业各部门的运营发展信息的监督管理，促进企业落实相关政策、及时完成相关运营计划以及确保企业各项经济指标的有效执行。可以说，阿米巴经营数据分析一方面促进了决策者和监管部门工作的有效进行，另一方面也为企业本身的良性发展提供了良好的环境条件。

我们用图1-5表达数据对阿米巴"统、分、算、奖"的作用。

图1-5 数据对阿米巴"统、分、算、奖"的作用

六、怎样实现从传统财务会计到经营会计的转型

我们通过分析，了解了传统财务会计对企业经营与发展的作用，但同时也存在一定的局限性。而阿米巴经营需要更加深入细分的数据支持，阿米巴巴长要参与到经营活动中来，并亲自完成经营报表的制作，经营会计也是在这种情况下产生的。企业要实现从传统财务会计向经营会计的转型，需要实现以下四个方面的转变。

1. 从"交付"到"交易"

经营会计最基本的功能就是对内部交易的各个经营主体进行独立核算，强调通过精细化、透明化的独立核算对经营改善和价值分配起到量化支持作用。数据相对开放、管理绝对精细是经营会计的表现特质。这就带来企业内部管理机制的转型，即从交付的"大锅饭"到交易的"小锅饭"的转变。经营会计模式下，组织中人与人、部门与部门之间的关系是交易关系和客户关系，而不是同事关系和熟人关系，经营单元相互传递的是产品或服务的价值而不是一项工作任务。这种价值要通过定价交易来体现。正如马克思政治经济学中所说的："价格是价值的货币表现。"解决企业内耗最有效的方法就是使组织"从交付到交易、从管理到经营、从打工到创业"。所以经营会计要做好，根本条件是企业组织中人与人、部门与部门实现从交付到交易，这就需要我们对企业重新定义人与事的价值，重新界定人与人之间的关系。

交付是指一定时间内完成一定数量的工作或任务。员工凭借完成的工作或任务数量取得报酬。我们常见的计时工资、计件工资、业绩提成等就是交付模式下的报酬方式，也是一种企业"大锅饭"方式，因为员工所取得的报酬与利润毫无关系，亏损是老板和公司的事，员工只要完成数量就可以领取报酬，至于赚钱还是亏损，与员工毫无关系。

交易是指一定时间内完成一定数量的工作或任务，并且还要按一定的规则确定价格，完成方通过价格机制将工作或任务的结果产品或服务卖给需求方。完成方以卖出产品或服务所产生的利润衡量收益，要对造成的亏损负责，并且员工获取的工资、奖金等报酬都与创造的利润相关。所以交易与交付最大的不同在于：交付不对亏损负责，而交易要对亏损负责。所以说，交易是一种经营行为，而交付是一种管理行为。正如稻盛和夫在其经营十二条中所说："定价即经营"就是指的这个道理。图1-6为交付与交易的对比。

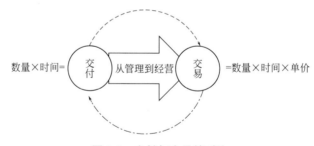

图1-6 交付与交易的对比

2.从"打工思维"到"创业思维"

经营会计是自主经营、独立核算下的会计模式。所谓自主经营，是指把大组织划分成一个个小组织或小团体，通过内部交易形成合作关系，并产生收入和支出。独立产生收入和支出的过程就是独立经营的过程。这种独立经营需要的是各经营小单元的主动性和创造性，而不是传统大锅饭组织的"等、靠、要"，员工不再是为老板打工，而是为自己创业。经营会计核算多层次、透明化反映各经营单元小组织的经营成果，企业通过各经营体创造的实际价值大小进行评价和激励，这种做法公平、公正。正所谓"算得清、看得明、奖得公、行得正"。所以在阿米巴经营模式下，经营会计让员工真正从"打工思维"到"创业思维"转型。

3. 从"粗放式"到"精细化"

经营会计核算模式深入到小组甚至是个人，数据来自多层次、多角度、全方位，而不是只有公司层面的总体数据；经营会计对数据的时效要求是即时的，是当天或当时发生的；经营会计核算通过会计科目设计和核算体系构建使企业的经营真正形成一个大数据系统。企业和各个阿米巴经营单元在实际工作中，通过分门别类和多层细分的数据分析，围绕实现"收入最大化、成本最小化"找问题、想办法，让经营利润最大化。

阿米巴经营是规范化、标准化和精细化的统一，无论是从观念上还是做法上都要求企业从"粗放式"到"精细化"转型。

4. 从"财务部"到"各阿米巴"

传统财务会计的职能是由企业设置专门的财务部门来完成的，核算的依据是国家有关的会计法律法规。而阿米巴经营会计要求每一个阿米巴巴长都要履行会计核算职责，而不是财务专职部门包操包办，这主要是由阿米巴经营模式的组织特点和精细化经营决定的。

大家知道，阿米巴经营组织有两个目的：一是培养经营型人才；二是使收入最大化、成本最小化。实现这两个目的的根本保障，就是阿米巴巴长要参与经营全过程和有创业的动力与热情。参与全过程就需要巴长们亲自接触数据并从数据的分析中找到经营的问题加以改进，通过不断分析与改进，阿米巴的业绩才能提升，巴长的经营能力才能提升。试问：当一个经营者（巴长）对数据麻木不仁、对本巴的经营数据都不清楚、不会分析数据和应用数据，又怎么会有经营意识？又怎么能提升经营能力呢？所以阿米巴经营会计核算要求各层级巴长都要亲自做报表，因为只有这样才能让巴长与经营做无缝结合，企业才能培养出一个个真正懂经营的管理者，而不是只会被动工作的执行者。

5. 从"老板"到"全员"

企业成长不是一个人的独角戏，不能单靠老板。一家企业要想永续经营、基业长青，特别需要全员的共同参与。让员工像老板一样为企业竭尽全力、绞尽脑汁，才是企业做强、做久、做大的根本。要实现从"老板"到"员工"的转变，就要从以下三个方面改变。

（1）改变意识

员工为自己干才是最快乐、最有积极性的。将企业分为多个自主经营、独立核算的"小企业"，每个小企业都有"小老板"，每天创造利润多少直接与员工工资挂钩，这样一来，每个员工都自动自发地为提高利润、降低成本而绞尽脑汁地想办法、出思路，全身心参与经营，人人都是"小老板"。所以企业"大老板"要有让全员"老板化"的意识。

（2）转变关系

人性首先是以利驱之，你要求员工做的事情员工大多数时候都是被动在做，而跟他利益挂钩的事情才会主动去做。运用科学的方法让各部门、各工序之间形成买卖关系，产品由"传给我"变成"卖给我"，一旦上道工序的产量、质量达不到交易的标准和要求，下道工序是不会接收的，因为要自己承担费用或亏损，哪道工序出现问题都是要负责的。这种企业内部买卖关系的形成，就可以彻底根除部门间的推诿扯皮和内部消耗。

（3）日清财务

如果一个管理者每天连自己赚了赔了都不知道，那就是个糊涂的管理者。将企业分为多个自主经营、独立核算的"小企业"，每个"小企业"都有一笔账，统计精确到小组甚至是个人，每天对财务数据进行分析，今天哪里没做到位，哪里浪费了，分析出来，在明天工作中直接把这些问题改正过来，每天的财务数据都能够及时准确、一目了然，最终实现降低成本费用、提高工作效率，达到日清日结、日清日高。

七、阿米巴经营会计报表的基本认知

通过以上分析，相信大家对经营会计产生的原因和作用有了一定的了解，要进行经营会计体制的构建，还有必要先对经营会计的基本要素深度认知。我们通过表1-2模型的分析来解读经营会计相关概念。

1.经营会计关键词

经营会计常用的关键词有：销售额（也称销售收入或收入）、成本、变动费用、边际利润、固定费用、分摊费用、利润，以下对这些关键词分别做出定义。

表 1-2　阿米巴经营会计基本模型

科目一	科目二	金额	备注
销售额	产品销售额	200	
成本	采购成本	20	
	其他成本	12	
小计		32	
变动费用	业务提成	5	
	运输费用	3	
小计		8	1. 单位：万元
边际利润		160	2. 此为月度模拟报表
固定费用	固定工资	50	3. 税金未纳入核算
	场地费用	34	
小计		84	
分摊费用	巴内分摊费用	10	
	巴外分摊费用	6	
小计		16	
利润		60	

① 销售额定义：每个自主经营的阿米巴单元（以下简称经营主体）对外或对内每卖出一个（或一类）产品或一项服务所获得的货币金额。

② 成本定义：经营主体为产生销售额对应发生的直接开支。

③ 变动费用定义：经营主体为产生销售额对应发生的随销售额成正比例增长的费用支出。

④ 边际利润定义：边际利润＝销售额－成本－变动费。

⑤ 固定费用定义：经营主体应承担的不随销售额变化而客观存在的费用。

⑥ 分摊费用定义：非经营主体直接发生，而是经营主体以外部门发生的费用分摊到本经营主体的费用。分摊费用又可分为巴外分摊费用和巴内分摊费用二种，其中巴外分摊费用为本经营主体以外的非直接主管部门分摊的费用；巴内分摊为本经营主体直接主管或本经营主体直属主管部门分摊的费用。

⑦ 利润＝边际利润－固定费用－分摊费用。

2.经营会计报表

（1）阿米巴经营会计的特征

经营会计是基于对企业划小经营进行精细化核算，其特征是：多层化、及时化、精细化、可视化。

① 多层化：是指核算的层级是根据组织形态和交易价值链而产生的。从组织架构的第一层级可以深入到三层、四层、五层，甚至更多层级，核算层级越多则经营分得越细，责任分得越清，问题看得越明，便于企业现场改进和经营效果的提升。

② 及时化：是指通过对各阿米巴经营过程中发生数据的及时统计、核算和分析，能及早发现和改进经营中存在的问题，而不是事后追究。

③ 精细化：是指各阿米巴的会计报表设计是根据企业内部实际并结合各阿米巴的经营分析与改进的需要进行科目设计的，而非按固定的法律法规。这样就使阿米巴报表更切合实际、更接地气。

④ 可视化：是指阿米巴经营报表的受阅对象是各阿米巴巴长，而不只是权益人（或企业负责人）和专业财务人员。平台化的交易型组织强调透明化经营，要让经营者时时刻刻了解自己的经营数据和经营过程中发生的问题，因为每一个经营主体的负责人都是一个"老板"，企业也由此组成了一个多层级、多核算单元的经营责任主体，从而实现了人人成为经营者的赋能型组织效应。

（2）阿米巴经营会计对企业发展的意义

我们可以从以上分析中深度认知到，经营会计的作用不仅是反映结果，还体现在改进经营。企业从统计会计到管理会计再到经营会计经历了一个蜕变的过程，需要进行组织的变革与转型。只有企业组织完成从传统的管控型到经营型、从交付型到交易型、从官僚型到服务型的转变后，经营会计才能发挥巨大作用。稻盛和夫特别强调"经营应该由全体员工共同参与"，应该"让数据成为经营的指南针"，其原因有二。

① 企业的传统财务数据报表太滞后，报表格式太专业、太难懂，无法让企业的干部和员工利用这些数据做分析改善，无法对生产经营起到指导和支撑作用。必须有一套简单易懂的数据体系指引经营。

② 企业的经营者与一线员工在思维方式上缺乏统一，没有一个基于核算的平台让彼此都来关心企业的经营发展，员工只是被动地工作，对企业经营成效并不关心。于是，稻盛和夫通过创造和运用"阿米巴经营会计"这套管理手法来划小独立核算单元，建立企业经营者可以指导部下并与之沟通的平台，达到培养具备与自己思维方式相近的经营型人才，实现全员参与经营。

"阿米巴"是一种能够根据周边生存环境变化而调整自己的变形虫。我们借用这个现在还存在的古生物来寓意，希望我们企业的组织也能够根据周边经营环境的变化而及时调整自身的运营状态，使得企业能够永续经营和基业长青，于是我们建立阿米巴组织来实现这种功能。

可以说，阿米巴组织为实现人人成为经营者搭建了平台，而阿米巴经营会计则为经营者创造了对自我价值的实现和评价体系。

阿米巴经营会计对企业发展的意义重大。财务会计上升到管理会计是一种进步，管理会计上升到经营会计更是一种对企业财务体制的革命，对企业提升经营水平和培养经营型人才起到了非常大的作用。有了经营会计，企业管理就能真正实现"精细化、数据化、规范化、效率化"。

关于财务会计、管理会计和经营会计的对比，我们还可参考表 1-3 会计种类对比分析。

表 1-3　会计种类对比分析

会计种类	目的分析	提升经营水平
财务会计	受国家会计法律法规约束，其财务会计信息为投资人、债权人、政府等企业利益相关者使用	十分有限
管理会计	起源于欧洲，20 世纪 50 年代成型于美国。是以提高企业经营效益为目的，通过对财务会计信息的二次加工，为企业内部管理者提供决策依据	有一定推动作用
经营会计	20 世纪 70 年代成型于日本。直接以提升企业效率、收益性和成长性为目的，并据此追求财务的安全性和稳定性而创造的一门经营系统量化决策工具。拥有一套更精准、更有效的企业数据获取系统及分析原理	有非常强的针对性

阿米巴经营会计体制和核算体系的构建，将组织内部的运行从传统的任务结果交付转化为各经营单元价值创造与价值传递行为，通过定价交易体现工作价值，通过核算反映经营效果，通过自我改进提升经营能力，实现了稻盛和夫所说的："让数据成为经营的指南针"的阿米巴经营功效。

（3）阿米巴经营会计报表的内容表达

会计是经济管理活动的重要组成部分，是提高企业经营效益的重要工具。如果企业的经营者不能运用会计，就无法看透企业的实态。不使用会计，就好像驾驶一艘巨轮不使用雷达和望远镜，当肉眼发觉暗礁或者冰山一角的时候已经来不及调转航线，随时可能翻船。

阿米巴的分权模式与经营会计是相互作用的。会计是量化赋权的工具。经营者的个人能力总是有限的，企业越大就越需要分权。因此，首先要将经营的权利给予各个阿米巴单元，使其在遵守整体的目标和发展方向前提下，享有相对自由的经营决策权，并实行独立核算。这种情况下阿米巴单元作为独立的盈利单位，会亲身感受到提升销售额、降低成本的责任。

用经营会计来进行赋权，就是在给予权利的同时，时刻通过"经营会计报表"来掌握各阿米巴单元的实际运行情况，实现权利和责任的高度统一。例如，某个阿米巴单元支出了5万元的科研经费，这些经费取得了哪些成果，需要在不同时期的报表上有所体现。权利越大，责任也随之越大，每个责任都对应着一个会计数据。这种赋权体制，还可以避免许多部门间扯皮、贪污腐化、以权谋私等现象的发生。

经营会计为了达到对量化赋权和经营决策的支持作用，根据各阿米巴在经营过程中发生的各个会计要素，如收入、成本、费用、税金等，按来源、方式、时间、效果进行细分形成不同类别的会计科目，用这些细分科目所对应的数据表达经营过程所产生的结果或效果，同时检核阿米巴负责人的行权效果。

阿米巴负责人将每天或每周发生的收入、成本和费用等按设定的会计科目核算标准进行记账和核算，就形成了阿米巴经营报表。报表中的各个科目对应着经营过程中资源使用的不同意义和目的，以此来表达各个阿米巴经营主体的经营成效。

除此之外，还可以通过阿米巴经营报表分析看出各阿米巴的经营利润差异、损益项目差异、边际利润差异、生产力差异、盈亏平衡点差异、人效贡献差异等。通过找出差异再进行改善，阿米巴经营就能健康发展。（关于经营分析可详见本书后续章节中的阿米巴经营分析内容描述）

所以，阿米巴经营会计报表通过科学的科目设计和数据分类核算，把企业各个阿米巴负责人行权效果、各经营单元的经营成效和问题所在表达得清清楚楚，为经营决策和经营改进提供了切实的依据。

表1-4是阿米巴经营报表模型。

（4）经营会计报表的外延性

经营会计报表就是损益表吗？有没有阿米巴资产负债表和现金流量表？这是一个非常广泛的误解，就是认为阿米巴经营会计报表只能核算出损益表，没有资产负债表和现金流量表。

其实，既然阿米巴是独立核算，也就是按照内部市场化的原则，把每一个阿米巴单元看作一个市场主体而进行核算，这样每一个阿米巴单元当然也可以核算出资产负债表和现金流量表。特别是本来现金流量表就是管理会计报表，

表 1-4　阿米巴经营报表模型

_____年___季___月　阿米巴经营日报表　　　　单位：万元

一级科目	二级科目	三级科目	四级科目	…级科目	1日	2日	3日	4日	…	31日	合计
收入	外部收入	产品1收入									
		产品2收入									
		……	……	……							
		其他外部收入									
		外部收入小计										
	内部收入	产品收入	产品收入1								
		服务收入	服务收入1								
			劳务输出服务								
		其他内部收入									
		内部收入小计										
	收入合计											
支出成本	外部成本	材料1									
		材料2									
		……									
		其他外部成本									
		外部成本小计										
	内部成本	产品成本	成本项1								
			成本项2								
			……								
		服务成本	服务项1								
			……								
			劳务输入成本								
		其他内部成本									
		内部成本小计										
	成本合计											
支出费用	变动费用	员工工资（计件）									
		奖金									
		运输费									
		招待费									
		……									
		其他变动费用									
		变动费用小计										
边际利润（收入－成本－变动费用）												

续表

一级科目	二级科目	三级科目	四级科目	…级科目	1日	2日	3日	4日	…	31日	合计
支出费用	固定费用	折旧									
		房租									
		保险费									
		……									
	固定费用小计										
	巴外分摊	董事长/总经理									
		人资行政部									
		……									
	巴内分摊	营销事业部									
		……									
	分摊费用小计										
	税金										
支出合计	（成本+变动费用+固定费用+分摊费用）										
净利润	（收入－支出－税金）										
人工费用	（工资+奖金+员工福利费+员工利益相关其他支出）										
人效	（净利润/人工费用）										

它本不在财务会计的范畴，但渐渐因为许多企业经营的终端，由于资金的周转问题，反映企业资金动向的现金流量表越来越受到企业经营者的重视，1987年，国际财务会计标准委员会批准把现金流量表纳入到财务会计的报表体系中。

是不是每一个阿米巴单元都有必要编制资产负债表和现金流量表，这取决于实际的管理需要。一般来讲，中小型企业没有必要，因为企业规模有限，资产已经根据阿米巴独立核算的要求，以折旧数据进入到各阿米巴单元的经营会计损益表中，比较清晰；现金流量也不大，无非是采购、成品库存、应收账款几方面占用现金较多，这些情况一般由企业财务主管部门统一记账和管理。

在比较大型的企业，则分公司或事业部层面就有必要做经营会计的资产负债表和现金流量表，增加经营会计报表的内容和外延适应性，以便更加全面地观察与分析分公司或事业部的经营状况。

3.关于经营核算

实现从传统会计向经营会计转型，关键在于对各经营主体进行多层化、精细化的独立核算。独立核算制度的建立使划小经营的各个经营主体能清晰地了解和掌握自身的经营状况，做到对经营现场及时改进。由于阿米巴组织是一个能真正让员工当家作主的创业型组织，其"自主经营、共创共赢、多赚多得"的模式让企业各层级的负责人主动担当责任，在制定目标和解决问题时不再和老板产生博弈，在完成任务时不再推诿工作和逃避责任，这样就消除了组织内耗，提高了运营效率，进而增加了企业的盈利能力。

案例分析：

下面列举一个华米咨询过的信息工程类企业（以下简称 A 公司），分析阿米巴经营会计的作用以及阿米巴独立核算为这个企业带来的改变。

（1）公司基本情况

A 公司是一家专业从事综合信息化应用系统建设、为客户提供一体化信息工程集成服务的高新科技企业。公司以信息网络技术为核心，集计算机信息系统集成、通信、网络工程、安全防范系统工程、建筑智能化领域工程设计与施工、软件开发、技术咨询和产品代理与服务为一体，实行多元化经营。该公司经过多年的发展，在行业具有一定的技术服务优势，取得了客户的较好评价。但随着公司所在地区政策和行业竞争的影响，加上该公司的管理不善带来的内部人才流失大、员工积极性欠缺、运营成本高、组织内耗大等原因，导致该公司从 2016 年起业绩一直下滑，客户一直减少，甚至到了发展艰难的地步。

（2）导入阿米巴经营模式

2017 年上半年，A 公司董事长带领公司高层管理人员参加了笔者的阿米巴经营模式培训课程的学习，了解到了阿米巴经营对企业管理与发展的作用后，下决心选择了在 A 公司导入华米·中国式阿米巴经营模式。

（3）A 公司存在问题的深度研究

华米咨询顾问组进入 A 公司后，对公司的业务、管理、财务、市场等各方面进行了深度的调研，发现 A 公司存在的主要问题是：

① 公司没有形成经营上规范的授权决策机制。凡事由老板发号施令，依靠指令式管理，老板怎么说下面就怎么干。公司从 2015 年开始，每年下达的经营目标都只能实现不到 70%。

② 大锅饭现象非常严重。作为高新科技公司，对人才的任用和管理方面，和劳动密集型的低端产业人员管理一样，依靠签订劳动合同、考勤打卡、固定工资、业绩提成、申请加薪、工作监督等手段进行用工管理，员工被动工作、

干部不担责任，待遇少了怪老板，工资低了怨公司，每年营销、技术等关键岗位人才流失率达到40%以上。

③ 财务管理松散，数据体系混乱，对各类业务和工程项目的核算不清。如长期已完结工程项目，公安系统客户已经进行了年度财务扎账，但公司尚未完成本应完成的招投标流程；施工物料的验收，长期得不到原始验收凭证；财务支付"应付账款"没有原始凭证；实际运营中出现供应商未发货但公司已支付货款及同批物料二次入库的情况。

④ 公司内部各部门遇问题互相推诿责任，开会时对待工作问题点互相指责，没有团队合作氛围和集体战斗力，各自为政。工作只为做给老板看，而非站在客户角度去切实解决问题。

⑤ 利益分配上没有做到公平公正、按绩分配。销售业绩下滑、工程工期和施工质量的不良口碑等综合原因引起业务提成、工程提成的长期"不兑现"，使得奖励效果偏离激励初衷，甚至激发负能量的产生。

⑥ 技术人员得不到有效的重用和激励，导致这样一个高科技公司的技术人才严重缺乏，技术创新跟不上公司的定位和发展需求，客户对工程项目的技术性投诉非常多，进而导致工程款项回收慢，有的甚至形成扣款和呆账。

A公司经营为何如此困难，我们透过以上问题的分析，归结为四个根本原因：一是公司战略不清晰；二是管理滞后于经营；三是服务跟不上市场；四是企业缺乏凝聚力。

（4）独立核算见功效

华米咨询顾问组在为A公司推进阿米巴经营模式构建的过程中，采取了以下方法帮助该公司解决发展中的问题。

首先，梳理了A公司未来五年发展战略。

对A公司的内外部环境进行分析，包括客户是谁、产品是什么、市场在哪里、技术条件怎么样、竞争环境的情况、自身的优势劣势对比等等。我们在完成内外部环境分析的基础上，以召开战略研讨会的形式，组织高层集中讨论企业的愿景、使命、价值观，从而带领企业的核心管理层梳理出：

企业愿景——在业务领域内，企业未来要成为什么样子？

企业使命——企业存在的意义是什么，在何种大的业务范围里面发展？

企业价值观——各业务单位应当遵循的企业整体的核心价值理念是什么？

企业业务组合策略——对现有业务进行取舍和资源合理分配，使利益最大化。我们利用波士顿矩阵的合理变形，分析出该企业近两年的业务变化趋势，对规模大、利润高的健康业务定位为核心业务，对规模和利润率均尚可的业务定位为成长业务，对规模与利润率低甚至亏损的业务定位为淘汰业务，对符合国家政策和有发展机会的新业务定位为潜力业务。帮助企业内部对未来发展方向达成共识，也便于公司各部门如营销、采购、研发和人力资源等明确工作方向和工作重点。

其次，激活了A公司的组织。

在A公司原有金字塔型组织体系中（图1-7），市场运营部、技术设计部、工程项目部三者是交付关系，即以任务完成交付为导向，而相互之间的工作结果不需要进行定价交易，因此经常存在部门之间不配合、工作互相推诿的"部门墙"现象。

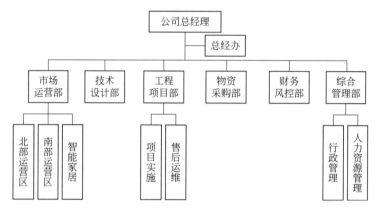

图1-7 A公司原组织架构图

华米咨询顾问组在梳理和规划A公司战略发展的基础上，根据组织"为战略服务、收入最大化、成本最小化、员工老板化"的原则，结合A公司实际情况重新构建了A公司的组织架构，设计了从公司到部门的三级核算制的阿米巴交易型组织（图1-8），使业务流程价值链各环节形成内部客户交易关系，实现了管理模式由"大锅饭"的交付模式向"独立核算"的交易模式的转变。各部门之间配合度和员工责任意识增强了，员工士气提高了，组织内耗消除了。

第三，导入阿米巴独立核算体系，激发工作动力，创造高收益。

通过建立经营会计核算体系，对各阿米巴经营单元从会计科目设计、费用分摊、交易定价、交易规则等环节进行了系统的规划（关于经营会计核算体系构建在本书后续相关章节中有详细介绍），形成了从公司（一级巴）到各级阿米巴的独立核算制度，产生了以下三个效果。

一是从老板负责到全员负责。

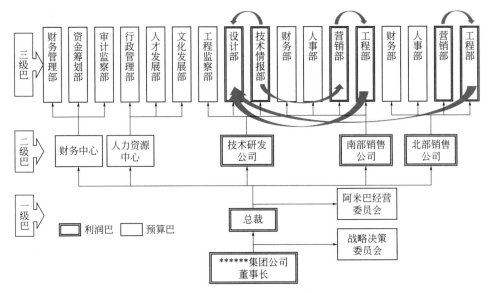

图1-8 A公司阿米巴组织架构图

通过划小经营单元，形成内部交易关系。部门之间、岗位之间通过交易体现价值，以"多赚多得"的方式分享利益。过去大家都在完成老板交办的事情，等老板发工资，现在是要完成自己的目标，实现自己的价值，自己赚工资，公司从老板一人操心到全员操心。

二是从"大锅饭"到独立核算。

在经营核算方面，根据公司实际情况构成三个核算层级和十个利润核算单元，各个核算单元之间通过内部交易产生收入，再通过会计科目的设计将各经营单元的成本和费用支出单独核算，最后各经营单元的收益与该经营单元全员的收入挂钩。通过建立价值工资、目标奖金和增量分红机制，让员工花自己的钱为自己办事，这样成本低、效率高。

通过内部交易独立核算，各阿米巴经营单元的工作成效和经营业绩都在原来的基础上大幅提升。表1-5是A公司某周的阿米巴核算汇总表。

从表1-5中营销阿米巴、工程阿米巴、设计阿米巴三个巴某一周的经营情况可以看出，三个巴各自创造的利润和所对应的成本、费用情况是非常清楚的，也就是各阿米巴的经营成效通过独立核算看得清清楚楚，再根据公司与各阿米巴签订的奖励和分红协议进行利益分配（关于阿米巴利益分配的内容见笔者另著《中国式阿米巴经营模式之人才机制操盘策略》），这样既公平公正又能调动工作积极性。

表 1-5　A 公司某周阿米巴核算汇总表

单位：万元

科目	营销部	工程部	设计部
收入	150	320	200
成本	80	240	130
变动费用	16	10	12
边际利润	54	70	58
固定费用	8	6	5
分摊费用	2	4	3
利润	44	60	50

各阿米巴负责人按经营会计核算要求每日做好经营报表，公司根据各阿米巴经营报表结果兑现加薪和奖励。以前是老板发工资、发奖金，现在是各阿米巴根据自己的经营利润情况决定工资和奖金的多少，真正做到了多赚多得。员工工资少再也不怪老板了，要怪只能怪自己能力不够。有了独立核算的经营报表，做多做少、做好做坏一目了然，对阿米巴的经营评价与激励就有了切实依据，从而打破了企业"大锅饭"。

三是从"要我做"到"我要做"。

导入阿米巴经营，实现了组织从交付到交易的转变，各阿米巴经营单元通过独立核算实现了管理的公平公正和为组织的赋能。A 公司根据每个人发挥的作用与产生的贡献进行论功行赏和利益分配，这样极大地调动了员工积极性和创造性。这种多赚多得的分配模式，实现了过去由公司安排任务给员工——"要我做"，到每一个人都在为自己干——"我要做"，每一个人都在思考如何为客户创造价值进而实现自己的需求满足。同时，独立核算经营报表的建立，使每个员工有了经营意识，促进了经营型人才的培养。

总结

通过以上案例分析，相信读者能感受到阿米巴经营的理念与方法与传统管理是有本质区别的：前者是以人性为根本、以创造客户价值为中心，为组织赋能，给员工动力；后者是以控制为根本、以对上级负责为中心，加强流程管控，加强员工监管。二者所产生的作用是截然不同的。

相信大多数企业都遇到过下面这样的情况：

① 制定任务目标时，员工和老板产生博弈，而不是上下一致。

② 公司搞绩效考核，如 KPI 和平衡计分卡考核等，员工说考核是为了扣工资，而没有提高绩效。

③ 公司的产品卖不出去，老板急得要死，但其他人不着急。

④ 公司经营亏损，发不出工资，那是老板的事，与员工无关。

等等……可列举的还很多……

出现这样的情况到底是为什么？答案只有一个：因为员工不是老板，或者换句话说，因为公司是老板的，不是员工的。这也是传统管理模式的弊端所在。

关于传统管理模式与阿米巴经营模式的更多区别，见表 1-6 的对比。

表 1-6 传统管理模式与阿米巴经营模式的对比

对比标的	传统管理模式	阿米巴经营模式
成本意识	员工较少关注成本	员工高度关注成本
资源利用	浪费大、利用小	浪费小、利用大
绩效考核	复杂：各类定性和定量指标	简单：收益、利润
工作完成	讲交付结果	讲交易价值
上下关系	打工者	事业伙伴
工作意识	要我做	我要做
工资支付	老板发工资	员工赚工资
奖金分配	分不清价值、起不到激励作用	分得清价值、激发热情干劲

第二章
CHAPTER TWO

阿米巴年度战略性经营体系

阿米巴经营模式是对传统企业管理的颠覆性改革,为企业战略实施和健康发展从机制和行动上带来了保障,它既服务于企业战略,又促进了企业发展。它通过年度经营计划体系把企业战略具体落实在目标和行动上。

战略的实施要依靠年度经营体制承载和分解,公司战略性年度经营计划体制的构建与运行,既是公司中长期战略的分步实现措施,又是阿米巴经营的主线。本章分析了在阿米巴模式下,公司年度预算管理体系的建立和阿米巴预算管理的实施,描述了阿米巴年度三大目标的预算、各阿米巴资源规划、阿米巴经营策略制定和经营风险防范等环节的方法与工具应用。

阿米巴经营模式在企业要稳健推行,必须建立制度和文化上的保障,体现在"1+3"策略和阿米巴的经营哲学上,要做到"放权而不要弃权",要做到"法治而不是人治",要做到"既重物质,又重精神",要做到"上下一致,责任到人",要做到"细化经营,持续改进"。

企业发展战略能否实现，取决于企业全体员工是否理解企业战略的意义，是否知道自己要承担的责任，企业是否对员工进行有效的激励和赋能，让每一位员工主动践行自己的职责；也取决于企业是否建立了一套完整的经营预算和目标体系，层层有预算，人人有目标，工作有措施。每一个阿米巴经营单元都是通过完成具体的目标来实现公司战略，公司有"大预算、大计划、大目标、大执行"，阿米巴经营单元有"小预算、小计划、小目标、小执行"，进而形成公司整体阿米巴年度战略性经营体系。

接下来，我们分六节介绍阿米巴年度战略性经营体系的构成与运行。

第一节
阿米巴模式预算管理

一、阿米巴模式预算管理的特点

传统的预算管理是企业内部控制的重要方法，其内容涵盖了企业经营活动的全过程，包括筹资、采购、生产、销售等方面，对企业整个经营目标的实现起到至关重要的作用。其所特有的全业务、全过程控制特点，在企业得到了比较广泛的应用，不仅从制度上提高了企业财务管控与战略运营的有机结合程度，建立了从各运营层面对战略目标的分解和执行的动态管理机制，而且还对企业的整体战略目标进行高效分解，协助战略目标的实现。

传统预算管理以企业经营目标、组织架构和销售目标的预计数额为基础编制，具有一定的计划性、全局性、稳定性特点。而阿米巴运营模式是突出对市场的应变性和对经营的效益性，具有以下特点。

① 更加突出快速反应性战略。美国学者汤姆森指出：战略既是预先性的，又是反应性的。当今市场环境瞬息万变，企业应主动地感知并准确预测未来，而不是被动地对变化做出反应。只有在变化的环境中不断地调整，甚至引领产业的变化，才能获得并且持续强化竞争优势。

② 组织架构随着变化需求不断裂变和整合。在阿米巴运营模式下，打破了传统相对固定的组织架构模式，突出了以适应变化需求而扩张或收缩组织架构；且组织形态多样化，不局限于传统的金字塔管控型组织架构，而采用多种核算形态相结合的服务型组织架构，并能够根据经营的需要适时进行重组

或裂变。

③ 采用以效益为中心的量化分权管理方式。每一个阿米巴作为一个相对独立的利润中心，资源和产出均以市场价格为基础确定内部转移价格，从而使得每一个阿米巴都具备独立核算的条件。与传统的集权式管理相比，阿米巴获得充分的权限开展业务，而每一项业务活动都以利润为中心，也关系到每一个阿米巴成员的利益分配。这种管理模式促使所有成员自发地树立效益意识，并竭尽全力完成目标，不完全是"按劳分配"，而是"按值分配"，贯彻的是"同价值同酬"而不是"同岗同酬"的用人理念，突出了效率和价值的作用，更能激发每一位员工的主动性和创造性，从而使每一个阿米巴更具有旺盛、持久的生命力。

④ 实行内部交易模式，而不是传统管理中的交付模式。阿米巴经营单元多以利润中心出现，对外输出价值不只是传统的营销部门的事，而是整个企业价值链中的每一个经营体都有责任。

在阿米巴运营模式下，将财务管理的专业理论和科学方法有效地服务该模式的运营而进行的预算管理，在此定义为"阿米巴预算管理"。根据阿米巴运营模式的特点分析，阿米巴预算管理具有以下特点。

1.数值+区间指标贯穿所有阿米巴，预算更具准确性

在阿米巴预算管理中，各项预算数据对外部环境变化极为敏感。环境发生变化可能性极低的领域，预算数据相对准确，适合使用绝对数值。环境发生变化可能性较高的领域，预算数据须引入变化的概率分析，使用相对数和区间估计值较为合适。

2.可以进行不定期滚动预算，更能有效地发挥阿米巴的灵活性

传统的全面预算管理通常按会计期间分为年度、季度和月度预算，或中长期战略预算。这种预算类似于一种静态模式，通过预算外调整可以适当弥补对变化的反应。而阿米巴预算管理更积极地应对变化，一个阿米巴的预算依据产生变化时，可进行不定期滚动预算。

3.区分阿米巴的核算形态并进行成本状态分析

由于每一个独立核算的阿米巴经营单元均划分为一个利润中心，且每个利润中心的固定费用和变动成本不一定相同，产生价值的方式也不相同。针对每个阿米巴单位进行成本状态分析，不仅能够计算每项作业活动的盈亏临界点、

边际利润等指标,也是对每个业务节点进行了一次作业成本分析和价值流程梳理,更容易有效地发掘业务改进的价值空间。对于无效益的阿米巴将自然淘汰或重组,及时地阻止浪费的发生,有效地预防经营风险。

4. 实时审批,决策更具时效性

传统的审批模式通常按管理层级逐级上报,管理层级越多,效率越低下。而阿米巴运营模式属于扁平化的分权式管理模式,预算的编制、审批几乎同步进行,这种高效率的决策也是支持该模式应变性和效益性的重要前提。

二、阿米巴模式预算管理的实施要点

要做好阿米巴模式下的预算管理,必须注意以下几点。

1. 区分每一个阿米巴的性质

迈克尔·波特在《竞争优势》一书中提出"价值链"的概念,将企业的经营活动分为基本活动和支持活动两大类。阿米巴预算管理需要区分每一个阿米巴的性质和形态,有助于确定每一个阿米巴在企业价值链中所处的位置,有助于内部定价规则的制定和进行成本状态分析。深入剖析阿米巴的业务性质是实施阿米巴预算管理的前提条件。

2. 制定科学合理的内部定价规则

由于阿米巴预算管理以每一个阿米巴为预算单位,各阿米巴的作业价值与上下游转移都需要具体的价格,制定定价规则是阿米巴预算管理的必要条件。如果价格制定不合理,就会产生内部矛盾,出现"责、权、利、险"不匹配的情况以及工作推诿和组织内耗。(关于阿米巴交易定价在后续章节中有详细描述,请读者关注)

3. 编制标准化的预算模板

虽然各阿米巴之间的业务活动存在差异,但是各项业务活动均可以将消耗的资源和产生的价值以货币计量的形式记录。在充分考虑各阿米巴的差异后,将性质类似的阿米巴设计一套科学的预算模板并能与企业总体预算模板高效链接。由于企业总体的预算数据由各阿米巴预算数据汇总而成,将预算模板先按各阿米巴的特点设计预算内容、运算公式,并修改定版后,再以企业整体的角度归纳汇编,有利于提高预算效率。条件成熟的企业也可以将该预算模板在ERP系统或相关财务软件中运用。

4. 提供全员培训、实时辅导的财务技术支持

阿米巴运营模式提倡"全员会计"理念，每一个经营单位甚至每一名员工都能计算出每一天创造的价值。每个阿米巴随着经营情况的变化可能不定期更新预算数据。由于每一位员工的受教育程度和文化水平存在差异，不一定具备执行预算所需要的能力，为了保障数据的准确性、完整性，提供具有针对性的、专业的财务知识培训和预算技术支持是必不可少的重要内容。

三、阿米巴模式年度预算内容

企业年度预算涉及战略实施的各个方面工作，如营销、研发、制造、人事、采购等维度的预算。阿米巴模式下，对各自主经营体是以利润为考核导向的，公司对阿米巴进行合理的资源配置后，持续关注资源使用的价值，而这种价值是以货币来衡量的，所以预算结果都以货币形式来反映各阿米巴的经营收入、成本、费用、利润产生情况。因此，阿米巴模式下的年度预算主要强调反映经营成效的收入、成本、费用和利润的目标预算，如图2-1 阿米巴年度预算框架所示。

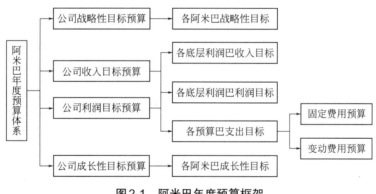

图2-1 阿米巴年度预算框架

1. 战略性目标的预算与分解

所谓战略性是指对公司长期发展的影响性，年度战略性目标是指公司战略规划中的长期目标任务在年度的分解实施目标，包括定性和定量的目标。这些目标的完成对公司长远发展起着非常重要的作用。换句话说，如果没有这些目标的完成，就没有公司未来的健康长效发展，所以设定战略性目标是需要公司董事会和高层非常重视的工作。

战略性目标涵盖公司年度重要任务目标，如技术创新、资源整合、平台搭

建、产品创新、市场开发、固定投资、人才引进等方面的目标，还包括资源利用效率、资本运作、品牌建设方面的目标。具体要根据每一个公司的实际情况和战略要求制定。

年度战略性目标的预算关键在于以下两大要点。

（1）对公司中长期发展战略进行分析解读，从中找到年度战略性目标的方向和要求

公司中长期发展战略规划一般是 3～5 年的规划，对于业务比较稳定的公司可能有 5 年以上的规划。战略规划中的任务和目标要落实到每年去实现。所以紧扣战略要求，把其中的战略性任务和目标分解到年度是制定年度经营计划战略性目标的首要任务。

在思考和预测年度战略性目标时，主要考虑战略性目标的实现对企业所产生的五个方面的作用：一是提升企业核心竞争力；二是增强企业盈利能力；三是强化企业内部管理；四是促进企业发展市场；五是合理高效整合资源。

当然，每个企业的具体情况可能有所不同，读者可根据自身企业实际做具体的分析。这里只是提供一种思考问题的方式。年度战略性目标的思考模型如图 2-2 所示。

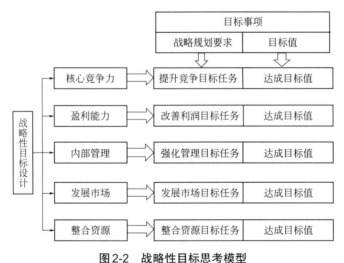

图 2-2　战略性目标思考模型

（2）从定量和定性角度确定具体的战略性目标

在确定具体的战略性目标时，有的是定性的，有的是定量的，但不管是定性还是定量都要明确六个目标要素：目标类别、目标描述、目标值、主责部门、关联部门、完成时间。这六个要素完整地表达了战略性目标的具体内容和

在各部门或各阿米巴经营体的分解落实要求。

表2-1是某公司战略性目标预测案例表,以供读者参考。

表2-1 某公司战略性目标预测案例表

序号	目标类别	目标描述	目标值	主责部门	关联部门	完成时间
1	引进人才	1. 引进副总经理1人 2. 引进产品设计师3人	新增高级人才4人	人资服务巴	营销巴/产品设计巴	2020年4月
2	技术创新	1. 专利提报5个 2. 实验中心建成	5个专利申报	研发巴/品质促进巴	总经办/营销巴/品质促进巴	2020年8月
3	新客开发	行业前五名的且年需求在500万元以上定位的A类客户开发3个(2019~2022年)	3个A类新客户	营销巴	总经办/营销巴/研发巴	2020年12月
4	资源整合利用	1. 整合集团公共资源出租(增收36万元/年) 2. 整合集团同类工艺(降本2万元/年)	增收36万/年 降本2万/年	总经办/人资服务巴	总经办/人资服务巴/各利润巴/各预算巴	2020年12月
5	阿米巴运营	1. 实现公司利润在原基础上增加65% 2. 员工收入在原基础上增加10%~20%	利润增加65% 员工收入增加10%~20%	各预算巴/各利润巴	各预算巴/各利润巴	2020年6月
6	固定资产投入	1. 高端电镀设备(150万元) 2. 精密模具加工设备(150万元) 3. 更换光学检测设备(30万元)	投资330万元	总经办/镜片事业巴/模具制造巴	总经办/镜片事业巴/模具制造巴	2020年11月

2.财务性目标的预算与分解

年度财务性目标是公司和各阿米巴年度应该完成的定量收益性指标,主要指销售收入和利润二大目标。财务性目标的预算要体现公司的市场发展能力和盈利能力,要考虑公司的经营现状,还要兼顾未来的发展需要。

(1)公司销售收入目标的预算

销售收入是指阿米巴经营体通过卖出产品或服务所取得的金额。阿米巴卖出产品或服务的好坏会受到许多因素的影响，如国家政策、市场环境、技术条件、产品价格、营销水平、管理成本、业务模式、品牌溢价等内外因素的影响，还会受到阿米巴内部交易定价情况的影响。因此，在进行销售收入预算时要考虑这些因素对收入实现的积极和消极的影响。

通常我们在预算销售收入时，有两种方法：一种是因素预测法；另一种是专家预测法。下面分别介绍这两种预算方法。

① 因素预测法

因素预测法是利用统计要素体系，分析现象总变动中各个因素影响程度的一种统计分析方法。因素预测法是现代统计学中一种重要而实用的方法，它是多元统计分析的一个分支。使用这种方法能够使研究者把一组反映事物性质、状态、特点等的变量简化为少数几个能够反映出事物内在联系的、固有的、决定事物本质特征的因素。

a. 外部因素分析。

市场经济下，企业是一个完全置身于市场竞争环境中的独立经济体，其经营和发展会受到来自企业外部很多因素的影响或制约，有的因素影响是消极的，有的因素影响是积极的。不管是积极的还是消极的，我们都要对它们进行分析，找到对公司经营产生的影响所在，并预测这种影响给企业带来的量变或质变。表2-2为外部因素分析模型，供读者参考。

表2-2　外部因素分析模型

外部影响因素	因素分解描述	对年度收入影响
1. 政策因素	相关法律、法规等	增长或降低多少？
2. 经济环境	国家经济增长、经济政策、投资、就业等	增长或降低多少？
3. 技术环境	技术变革速度、产品生命周期、新技术方向等	增长或降低多少？
4. 社会文化	人口、教育、生活方式、收入差距、社会价值观等	增长或降低多少？
5. 行业因素	所在行业发展动向、发展状态、产业政策等	增长或降低多少？

b. 内部因素分析。

阿米巴收入的实现更多是来自内部因素的影响，如管理效率、人才素质、产品质量、成本费用、技术创新等。这些因素有可能促进收入的增长，也有可能降低收入的增长。我们在预算收入目标时，对内部影响因素更要进行全面细致的分析。表2-3为内部因素分析模型，供读者参考。

表 2-3　内部因素分析模型

内部影响因素	积极面	消极面	对年度收入影响
交货期	有利的因素是什么？	有害的因素是什么？	增长或降低多少？
产品质量	—	—	—
技术创新	—	—	—
服务水平	—	—	—
新品上市	—	—	—
新增客户	—	—	—
流动资金	—	—	—
……	……	……	……

c. 对销售收入进行预测。

通过以上内、外影响因素的分析，找到新一年中业务的增长因素和减少因素，即变动因子寻找，预算出变动因子对销售收入影响的具体量值。最好是分业务类型、分产品类别进行预算。表 2-4 是公司年度销售收入预算模型，可以用以下模型测算出公司年度的收入目标。

表 2-4　公司年度销售收入预算模型

单位：万元

公司 ×× 年度销售收入目标预算模型								
一级科目	二级科目	三级科目	…级科目	上年实际	本年预算	变动差额（本年预算－上年实际）	变动因子分析	逻辑演算公式
国内业务	产品系列 a1	产品 1-1						
	产品系列 b1	产品 1-2						
国外业务	产品系列 a2	产品 2-1						
	产品系列 b2	产品 2-2						
合计								

例如，某公司从事快餐连锁业务经营，其中有门店餐饮和外卖餐饮二类。通过统计，该公司前三年度的经营情况如表 2-5 所示。

该公司在预测 2020 年度销售目标时，以前三年平均值为基数，考虑 2020 年一季度的新冠肺炎对餐饮业的影响，参考前三年一季度平均营业额为 1080 万元，计算出 2020 年一季度新冠肺炎对营业额影响值 =1080×1.4（1.4 为预测 2020 年一季度的收入增长系数）=1512 万元。

表 2-5 某公司历年经营情况统计表

单位：万元

项目	2017 年	2018 年	2019 年	合计	三年平均值
收入（营业额）	3000	3280	4160	10440	3480
总成本	900	918.4	1138.6	2957	985.7
总费用	32.8	35	41.2	109	36.3
利润	2067.2	2326.6	2980.4	7374	2458

该公司分析其出品创新、服务提升、环境改良、品牌推广四方面至少能为公司 2020 年营业收入带来 35% 的增长，由此计算：2020 年收入目标测算值 = 3480 万元 ×1.35–1512 万元 =3186 万元。

② 专家预测法

专家预测法是根据专家的个人知识、经验和推理判断能力，对未来发展情况或目标设定做出直觉预测的方法。在进行销售目标的预测时，将公司前三年（具体统计根据公司实际情况而定，也可以是前五年）的年度销售收入进行统计，计算前三年的平均销售额 W；再由 3～5 名高管组成专家评议组，对本年的销售额增长进行预测，取专家组预测的平均增长率为本年度销售增长系数 L（这个系数可以是正数代表增长、也可以是负数代表降低）。再通过 W 和 L 计算出本年度销售收入预算值。

计算公式为：本年销售收入预算值 =Σ（前三年销售收入 W）/3×（1+L）

（2）各最底层利润巴销售收入目标的预算

阿米巴模式下，公司各部门的销售目标预算与分解不能简单按照传统管理模式下的目标分解办法，即将公司全年销售目标分解到各个销售部门或销售小组，其他服务部门如生产部门再根据销售目标计算产能或产值目标。

传统管理模式只把销售部门看成是盈利的部门，其他部门都当作为销售部门提供相关工作或服务支持的成本中心。而阿米巴模式下，企业组织中每一个利润巴都是一个自主经营、独立核算的经营体，他们都承担了为公司创造收入和利润的功效。所以在阿米巴组织中，为了合理清晰地核算出每一个阿米巴经营体的收入和利润，就需要进行内部交易定价。内部交易定价有二种形式：一种是基于市场（或客户）订单完成价值链的价值分割交易定价（销售部门接到订单后，各个参与订单结果提供的利润巴都是订单收入创造者，这些阿米巴都要分享订单产生的收入），各阿米巴根据这一定价测算出的收入就是外部收入；另一种是基于每一个阿米巴经营单元之间产生产品（或服务）交易的内部定价，各阿米巴根据这一定价测算出的收入就是内部收入（关于内部交易定价在后续章节中有详细的描述，请读者关注）。因为阿米巴组织所有交易行为都是在最底层利润巴进行的，最底层利润巴也是直接为公司赚取利润的经营体，所以销售收入按最底层利润巴预算或分解。

最底层利润巴预算销售收入目标时，先要有交易定价，只有定价后才能预测出参与交易的最底层利润巴的收入，即有交易才有收入。收入产生的逻辑如图2-3所示。

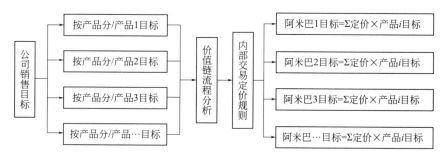

图2-3　阿米巴收入预测分析逻辑

有了交易定价规则，再按业务种类或订单类别进行各最底层利润巴交易数量的预测。根据阿米巴交易的特征：交易＝价格×数量。某一阿米巴有了某月所有产品或服务的定价和某月实现交易的数量预测，就可以用"收入=Σ（价格×数量）"公式计算出某一阿米巴某月的销售收入。这样，我们就可以用表2-6将某阿米巴年度每月的销售目标都一一进行预算。

表2-6　阿米巴年度收入目标预算分解表

类别		××利润巴××年度收入目标预算分解表																合计
巴名	目标名	一季度				二季度				三季度				四季度				
		1月	2月	3月	小计	4月	5月	6月	小计	7月	8月	9月	小计	10月	11月	12月	小计	
业务1	销售额																	
	占比																	
业务2	销售额																	
	占比																	
业务…	销售额																	
	占比																	
合计	销售额																	
	占比																	

(3) 进行成本和费用的预算

为了比较准确地预算出公司年度利润目标，需要对公司年度经营中发生的各项成本和费用进行预算。进行成本和费用预算时，先由公司财务部门将年度经营发生的成本和费用的所有科目列举出来，分别制成公司成本费用预算表和部门成本费用预算表。如表2-7和表2-8所示。

公司财务部和各部门根据上述预算表，并切合本部门的实际情况，对年度发生的成本和费用进行预测，最后填制成年度成本费用预算表。财务部汇总公司和各部门的成本费用预测，形成公司年度成本费用预算总表，如表2-9模型所示。

表2-7 公司年度成本费用预算表
××年阿米巴成本费用预算表（公司）

编制： 单位：万元

一级科目	二级科目	三级科目	上年实际	本年预算	增减量	变动因子分析	演算公式
固定投资	投资1						
	投资2						
	……						
支出成本	成本1	成本1-1					
		成本1-2					
		……					
	成本2	成本2-1					
		成本2-2					
		……					
	……	……					
支出费用	变动费用	变动费用1					
		变动费用2					
		……					
	固定费用	固定费用1					
		固定费用2					
		……					
税金	税金	税金……					
损益	损益	损益……					
合计							

表 2-8 部门年度成本费用预算表

××年阿米巴成本费用预算表(部门)

巴名:　　　　　　　　　　　　编制:　　　　　　　　　　　　单位:万元

一级科目	二级科目	三级科目	上年实际	本年预算	增减量	变动因子分析	演算公式
支出成本	成本1	成本1-1					
		成本1-2					
		……					
	成本2	成本2-1					
		成本2-2					
		……					
	……	……					
支出费用	变动费用	变动费用1					
		变动费用2					
		……					
	固定费用	固定费用1					
		固定费用2					
		……					
合计							

表 2-9 公司年度成本费用预算汇总模型

科目	公司				部门一				部门二				部门三				……				合计
	1月	2月	……	12月	1月	2月	……	12月	1月	2月	……	12月	1月	2月	……	12月	1月	2月	……	12月	
成本1																					
成本2																					
……																					
费用1																					
费用2																					
……																					
税金																					
损益																					
其他																					
合计																					

各阿米巴进行月度成本和费用的预测时，方法和上述年度预算方法是一样的。

还有另一种简单的经验预测法：按变动的成本费用占销售比和固定的固定费用占销售比，以年度销售收入预算目标为基数，测算出阿米巴每月成本和费用的预算值。计算公式如下：

某经营期成本或费用预算值 = 成本占销售比或费用占销售比 × 某经营期销售目标预算值

（4）进行利润目标预算

有了年度收入目标预算值和成本费用的预算值，就可以按照"利润 = 收入 − 成本 − 费用"这个公式计算出公司和各阿米巴年度利润目标。如表2-10年度利润目标预算分解表所示。

表2-10 公司年度利润目标预算分解表

时间 目标	一季度			二季度			三季度			四季度			合计
	1月	2月	3月	4月	5月	6月	7月	8月	9月	10月	11月	12月	
销售额													
成本													
费用													
分摊													
税金													
净利润													

在阿米巴经营模式下，公司实现利润的经营单元为阿米巴组织架构中的最底层利润巴。所以分解落实公司年度利润目标，只需要把利润目标分解到阿米巴组织最底层利润巴即可。分解方法也是按公式："利润 = 收入 − 成本 − 费用"计算。表2-11为阿米巴年度利润目标分解表。

关于利润目标的预算，还有一种经验数据测算法，即按销售收入的比率得出利润值。如某公司某年销售收入目标预算为8000万元，过往三年的平均净利润率是10%，由此得出该年度净利润目标预算值=8000万元×10%=800万元。如按月度销售收入比率，计算结果就是月度利润值。

3.成长性目标的预算与分解

成长性目标是指检测公司发展后劲的目标，包括新一年度的人才数量、人均利润贡献、员工收入增长、公司利润增长、新产品贡献等。

表 2-11 阿米巴年度利润目标分解表

单位：万元

序号	巴名	指标	一季度			二季度			三季度			四季度			合计
			1月	2月	3月	4月	5月	6月	7月	8月	9月	10月	11月	12月	
1	公司	利润													
2			最底层阿米巴目标分解												
3	利润巴1	利润													
4	利润巴2	利润													
…	……	利润													
	合计														

测算的方法是：先由各阿米巴经营单元根据公司下达的财务性目标预测本阿米巴的人力资源配置数量，包括按公司人才分类政策配置的管理类、业务类、技术类、操作类、战略类等类别的人才数量，以及这些人才的报酬获取方式和薪酬额。各阿米巴巴长编制出本巴的人力资源配置计划后，由其上级阿米巴巴长审核再报公司人力资源主管部门复审，复审后交由阿米巴经营委员会主任批准。财务部再根据最终的公司和各阿米巴人员配置计划进行人工成本测算（人工成本是指使用人力资源而产生的所有的经济性支出，这里统称为薪酬额）。表 2-12 为公司人工成本测算模型表。

表 2-12 公司人工成本测算模型表

单位：元

测算项 部门	人数				月固定 薪酬额	月浮动 薪酬额	月各类 补贴	年度人工 支出总额	备注
	现有	拟增	拟减	年均					
董事办									
财务管理部									
人资管理部									
技术部									
物流部									
工程部									
制造一部									
制造二部									

续表

测算项目\部门	人数			月固定薪酬额	月浮动薪酬额	月各类补贴	年度人工支出总额	备注
	现有	拟增	拟减	年均				
制造三部								
国际业务部								
国内一部								
国内二部								
南京分公司								
……								
合计								

根据年度利润目标和年度人工成本计算出人均利润贡献率，再根据人均利润贡献率并结合人工成本分析测算出员工收入增长率。公司利润增长率由财务部门根据新一年利润预算目标和上一年实际利润目标对比得出结论。

新产品收入贡献需要公司研发部门和业务部门一起进行市场调研和产品规划的研究，再由公司阿米巴经营委员会审核，必要时报公司董事会批准。

成长性目标测算用到的工具模型表如表 2-13 所示。

表 2-13　成长性目标测算模型表

成长性目标项目	上年实际	本年预算	变动因素
1. 年度员工平均总数 [（年初数 + 年末数）/2]			
2. 战略性人才数量 （按公司人才分类标准）			
3. 人效贡献 （净利润 / 人工总支出）			
4. 利润增长率 [（本年利润额 − 上年利润额）/ 上年利润额]			
5. 员工平均增收率 [（本年薪酬总额 − 上年薪酬总额）/ 上年薪酬总额]			
6. 新产品贡献率 （新客户销售收入 / 年度总收入）			
……			

成长性目标分解时要注意的事项：

① 人效贡献和利润增长率只考核利润巴，测算的人数和人工成本依据为各

利润巴本巴的人数和人工成本。测算时用到的利润数据依据如下：

　　a.最底层利润巴依据的是本巴的实际利润值；

　　b.上级利润巴依据的是其所辖下级利润巴的利润合并值。

②员工平均总数和战略性人才数量要分解到每一个阿米巴。

③新产品贡献率和大客户数量只适用于营销、研发、市场等与业务直接相关的阿米巴，以公司年度营销目标规划为依据。

④成长性目标一般按季度进行分解。

四、阿米巴年度预算的编制

1.年度预算编制的责任主体

企业的年度预算在阿米巴经营中起着重要的作用。首先，为企业各部门和各经营主体明确经营期内的工作目标；其次，可以协调均衡、充分利用企业各种资源，调动各个部门积极性；第三，能够对各种经营要素细项进行分化管理，发现偏离预算标准的事项及时预警并调整；第四，是对阿米巴进行量化考核的合理依据。

为了使年度预算工作顺利进行，首先需要明确年度预算编制的责任主体。我们用表2-14简单明了地表示年度预算的责任主体以及相关责任事项。

表2-14　年度预算责任主体事项

年度预算内容	责任部门	责任岗位	完成时间	审核者	审批者
战略性目标预算	总经办	总经理	11月30日	经营委员会	董事长
公司收入目标预算	营销部	营销总监	11月30日	财务总监	总经理
公司利润目标预算	财务部	财务总监	12月10日	总经理	总经理
利润巴收入目标预算	本利润巴	本巴长	12月15日	上级巴长	财务总监
利润巴利润目标预算	本利润巴	本巴长	12月15日	上级巴长	财务总监
人效目标预算	本巴	本巴长	12月18日	上级巴长	财务总监
人才目标预算	本巴	本巴长	11月30日	上级巴长	总经理
调薪目标预算	本巴	本巴长	12月18日	上级巴长	财务总监
新产品目标预算	营销部	营销总监	10月20日	上级巴长	总经理
……	……	……	……	……	……

2.年度预算编制的汇总

年度预算是由一系列预算构成的体系，各项预算之间相互联系。各企业有不同的行业特点和针对性需求，一般应按照"长短结合、上下结合、分级编制、逐级汇总"的程序进行。按年度预算责任主体事项分工，各阿米巴将本巴各类预算汇总报公司财务部，由财务部统一进行公司层面的汇总，并将汇总结果报公司决策者审批。对审批有问题的，由财务部和相关阿米巴巴长沟通修订。最后公司财务部编制出公司本年度预算汇总三张表：战略性目标预算汇总表、财务性目标预算汇总表、成长性目标预算汇总表。分别见表2-15、表2-16和表2-17。

表2-15 战略性目标预算汇总表

序号	战略性目标类别	目标描述	目标值	主责部门	关联部门	完成时间
1						
2						
...						

表2-16 财务性目标预算汇总表

单位：万元

序号	巴形态	巴名	指标	一季度			二季度			三季度			四季度			合计
				1月	2月	3月	4月	5月	6月	7月	8月	9月	10月	11月	12月	
1		公司	收入													
2			净利润													
3		公司收入、净利润分解															
4	利润巴	利润巴1	收入													
5			净利润													
6		利润巴2	收入													
7			净利润													
8		……	收入													
9			净利润													
10	预算巴	预算巴1	固定费													
11			变动费													
12		预算巴2	固定费													
13			变动费													
14		……	固定费													
15			变动费													

表 2-17　成长性目标预算汇总表

巴名	员工平均总数/人	人均利润贡献/[万元/(人·年)]	员工增收率/%	新产品贡献	人才引进
利润巴 1					
利润巴 2					
……					
预算巴 1					
预算巴 2					
……					
公司					
合计					

第二节
阿米巴年度资源规划

在当今共享经济时代，整合资源和有效利用资源对企业发展至关重要。企业的竞争在某种意义上就是资源的竞争。要想占领市场的制高点，保持企业稳定高速的发展，必须深刻理解资源为企业经营第一要素的理念，掌握科学筹划资源、合理利用资源的方法与策略。

阿米巴模式下，企业年度资源规划主要指关键人才发展规划、内部资源调配规划、外部资源整合规划、发展投资规划四个方面。

一、人才发展规划

人才是企业的第一资源，人才的拥有、使用和发展对公司战略实施至关重要，人才发展规划是一把手工程，董事长和总经理必须亲自抓，不要指望其他人会对这件事情重视和做得有效。

人才发展规划主要解决四个问题：一是战略性人才的引进；二是员工能力训练；三是全员激励计划；四是人才梯队建设。

关于人才发展规划的详细解读在笔者另著《中国式阿米巴经营模式之人才机制操盘策略》一书中有更全面的描述，在此就不再一一详述。

二、资源调配规划

阿米巴资源调配简单地来说,就是指公司根据各阿米巴在经营期所从事的业务领域和经营目标,为阿米巴自主经营创造条件,对其所需要的各种物质资源和经济资源在质和量上的调整分配,其目的是形成阿米巴完整的"权、责、利、险"相结合的自主经营体系。

每个阿米巴都是一个独立经营的单元,他们要通过配置和使用资源才能独立完成经营目标。这些资源包括物质资源、场地资源、设备资源、流动资金等,在阿米巴开始经营运作之前都要做出盘点和配置,以使阿米巴巴长对自己经营的"家底"有清晰的认知并承担相应的责任和风险。

1.关于场地资源的盘点配置

场地资源是指阿米巴经营所需要的经营场所。传统管理模式下,企业各部门使用场地不需要承担租金费用,都由公司承担,员工使用场地是免费的。但阿米巴模式下,使用场地是要承担租金费用的,这些费用要计入阿米巴的费用开支。因此,公司要进行各阿米巴的场地资源盘点,通过盘点,根据情况重新评估各阿米巴经营所需场地,增加或减少阿米巴的场地面积,使场地使用达到合理配置、降本增效的目的。阿米巴场地费用的核算一般按"归属谁、谁承担"原则进行。表2-18为阿米巴场地资源盘点配置表。

表2-18 阿米巴场地资源盘点配置表

序号	工作场地盘点详情					
	场地名称	面积/平方米	平面图(具体尺寸标注)	位置	现价估算	使用部门
1						
2						
…						

2.关于物质资源的盘点配置

阿米巴在经营过程中,要使用各类物质资源,如原材料、工具、设备、办公设施、用品、低值易耗品等等。在传统管理模式下,公司组织定期对其盘点,目的是加强对这类物资的管控和进行公司成本核算。但在阿米巴模式下,这些物资的添置和使用必须按阿米巴经营单元分开计算,因为各阿米巴要对其使用的所有物资的效果和成本负责,因此要对各阿米巴的物资配置和使用情况进行盘点。通过盘点理清各阿米巴使用物资应承担的责任，包括数量、质量、损耗、损失等，分清楚在经营过程中阿米巴要承担的物资成本。

阿米巴使用的物质资源，有的公司已有，有的需要购置。无论是已有的还是新购置的，都需要由各阿米巴自主向公司申请，公司再根据情况统一分配或购置给各阿米巴。在配置阿米巴物质资源时，一般按"整合优化、提高效率"的原则进行配置。

各阿米巴对所配置的物质资源负有使用、保管和增值责任。物质资源的使用将纳入阿米巴经营核算。表 2-19 为阿米巴物质资源盘点配置表。

表 2-19 阿米巴物质资源盘点配置表

资产状态	序号	资产基本情况						资产价值情况					
		资产名称	资产编号	规格	单位	数量	存放地	购入单价	购入金额	折旧年限	已使用年限	剩余年限	当前价值	年均折旧费
现有资产	1													
	2													
	...													
合计														
新增资产	1													
	2													
	...													
合计														

3.关于资金的盘点配置

阿米巴经营需要一定的流动资金。传统管理模式下，流动资金由公司统一安排，各部门只是资金的使用者，对资金成本和使用效率不需要负责任。但阿米巴模式下，各经营单元体自主经营、独立核算，对资金往来和使用效率要承担责任和风险。因此，公司需要根据各阿米巴经营目标、资源状况、资金周转等情况为阿米巴进行资金的盘点配置，确保阿米巴经营正常运行。这一工作主要由公司财务主管部门来完成，如有涉及融资和投资事项还需要进行投融资的相关分析。表 2-20 为阿米巴资金配置模型表。

表 2-20　阿米巴资金配置模型表

资金项目	1月	2月	3月	4月	5月	6月	7月	8月	9月	10月	11月	12月	合计
一、资金流入													
结存现金													
结存存货													
结存利润													
结存原料													
结存其他													
应收账款													
周转资金													
其他流入资金													
二、资金流出													
支付原材料													
支付辅助材料													
支付电费													
支付水费													
支付管理费用													
支付工资费用													
支付奖金费用													
其他支付													
三、资金净额													

三、资源整合规划

公司和各阿米巴经营主体在经营过程中，需要各种配套的资源支持，有的是内部调配，有的则需要通过整合。

资源整合，在一定意义上就是互相利用资源，就是通过低成本的形式，将企业的资源、社会的资源通过整合实现"1+1>2"的效应。尤其让社会资源最大化利用，避免浪费，是一件非常有意义的事情。

企业如果能够发挥自身优势，对企业内外部进行资源整合，实现"1+1>2"的资源最大化，那么也必将能够在残酷的市场竞争中获胜。

资源整合的时代早已经到来，开放的市场竞争不是说你拥有的竞争优势大就一定能取胜，而是你能够将竞争优势发挥到何种程度。

现实中著名的资源整合故事是四川航空公司大巴车免费乘坐但盈利却上亿元的故事。通过和汽车公司合作，把原价14.8万元的MPV休旅车，以9万元的价格一次性购买150台，以一台休旅车17.8万的价钱出售给这些准司机。让司机在车上帮风行汽车做广告，宣传汽车。每一部车可以载7名乘客，以每天3趟计算，150辆车，带来的广告超过了200万的受众群体，宣传效果非同一般。四川航空公司告诉司机每载一个乘客，四川航空就会付给司机25块人民币。司机虽然说要花钱购车，但是由于有稳定客源，也非常乐意！乘客也得到实惠——可以免费乘坐四川航空公司的大巴车，节省150元的车费。接下来，四川航空推出了只要购买五折票价以上的机票，就送免费市区接送的活动，整个资源整合环节完成闭环。

资源整合的重要原则就是，通过两方或以上的商业体建立资源互补，实现互惠互利及资源的最大优化。

那么企业应如何实现资源整合呢？笔者认为可以从五个大方面进行整合。

1. 企业人才资源整合

人才资源是企业最宝贵的资源。企业创造财富的能力与其人才资源是成正比的。看一个企业拥有多少优秀人才，就能知道盈利状况了。人才资源的整合有几个方法：

① 人与事的整合，做到科学匹配，适才适用；
② 团队的整合建设，做到互补增值；
③ 对员工心态与价值观的整合教育；
④ 制度与人性的结合，提升制度价值和人性的光辉。

2. 品牌资源与产品资源的整合

（1）品牌资源的整合：品牌转化为销售业绩和利润

品牌资源，最终是为了实现企业的销售额和盈利，它是通过和消费者有效沟通与互动得来的。

一个企业如果光有品牌是没有用的，品牌需要转化为利润。比如可口可乐、宝洁等公司，它们有非常强大的品牌力，并通过品牌力带来利润的增长。而对于中小民营企业，则需要结合自身企业的优势，来塑造品牌的价值。做品牌不一定要打广告，关键是必须有自己的特点，不断地和消费者做宣导与互动,让消费者认识企业或产品的品牌。只有消费者内心认可的企业品牌,才是真正的企业品牌。

(2) 产品资源的整合

① 八二法则。80%的利润是由20%的产品产生。企业应该对20%的重点产品做战略规划,重点做好这一块的业绩。

② 针对客户群体的资源整合,销售产品体系而不是单个产品。企业应该建立好自己的产品体系,打包销售给客户。管理大师彼得·德鲁克说过:企业的目的是创造客户。我们知道开发一个新客户需要很高的成本,那么企业对客户不要销售一个产品,而应该销售产品体系,这样可以大大降低企业成本。对客户而言,一次性能在你这里买到他需要的东西,也节省他的时间成本。同时,企业应该建立第一次来消费就锁定客户,让其能够重复消费的体系。

3.企业在转型期的内部资源整合

很多民营企业往往会忽略自身的资源,特别是在转型期的时候。商业竞争非常残酷,企业可能由于战略失误或市场变化,在某个时间点面临破产的边缘。在现行业务无法开展的时候,企业应该盘点好自己的资源,比如说手头上有核心技术资源、人才资源以及品牌资源等,往自己业务邻近的而且朝阳的领域去开拓,这样有可能打翻身仗。

比较经典的一个例子还是诺基亚。在安卓系统智能手机攻城略地的时候,它虽然困境重重,但从本质上来说,它仅仅是暂时的落后,它具有两大核心资源:强大的品牌资源和强大的技术人才资源。如果它当时能够及时调整战略,果断采用安卓系统,说不定手机老大的位置还是它的。

再比如国内的比亚迪汽车,原来它是一家生产电池的公司。为什么它能够转型成功呢?因为它具有做电动汽车的核心资源——世界上最先进的电池核心技术,所以转型成功了。

所以企业家应该盘点自己的核心资源有哪些,如何进行完好的整合。

4.基于企业行业特点的核心技术资源的整合

企业可以根据自身行业特点,对外整合核心技术资源。打个简单的比喻,一个企业,营销处于非常重要的位置,人力资源也处于非常重要的位置,电商部门到今天也到了非常重要的位置,如果一个企业能够整合到这三个方面的顶尖人才,那么这个企业一定是经营得好的。

总的来说,资源整合可以让企业更加强大,用有限的资源撬动更大的力量。但有一个重要原则,那就是企业一定要有自己的核心竞争力。如果你什么核心资源都没有,就想去整合别人的资源是很难的,人家凭什么要和你合作呢?人才资源、技术资源、人脉资源、资金资源、渠道资源、品牌资源等,企业一定要打造自己的核心资源。

资源整合既是技术也是艺术,我们倡导对社会资源的最佳配置。在互联网的推动下,资源整合事例将越来越多,竞争也将越来越激烈。未来企业合作将越来越紧密,竞争不仅是单个企业之间的竞争,而是企业联盟和企业联盟的竞争了。资源整合的最佳状态,就是实现社会资源最大化、企业合作方利益最大化和消费者利益最大化的三者有机统一。

四、发展投资规划

公司和各阿米巴在发展过程中,由于引进资源、增加项目、股权合作等方面的需求,相应会发生投资行为。管理者或各高层级阿米巴巴长需要对投资的知识有所认知,对投资的策略有所掌握,对投资进行科学的规划,才能充分发挥投资对企业发展的良性作用。

1.企业在发展投资中存在的问题

中小型企业的发展投资往往起不到预想的效果,主要是由于企业内部存在如下问题。

(1)投资结构存在问题

近年来,我国中小型民营企业发展迅速,其数量也在与日俱增。然而,其"死亡率"也高,据统计,中小民营企业的平均寿命不到4年。民营企业投资结构不合理是其中的一个重要的原因。

(2)投资理念落后,盲目跟风投资

大多数中小型民营企业都是家族式管理,缺少一整套适合本企业的科学管理模式,容易盲目跟风投资。一个行业如果近期发展较好,就会有很多的企业一哄而上,过度投资,必然在未来几年形成生产力过剩,导致市场供大于求,这些项目的投资预期效益也难以得到保证。

(3)用短期借款搞固定资产投资

中小型民营企业受企业规模限制,承受财务风险的能力较低,因此形成合理的资金结构、确定合理的负债比率尤为重要。进行资金分配时,要有必要的流动资金和固定资金,两者有效配合,才能产生最佳经营效果。资金来源和资金运用要得到有效配合，决不能用短期借款来做固定资产的投资，这样会造成短期借款到期，而投入资金还未收回，势必要从另外渠道筹资偿还短期借款，导致资金周转困难。

（4）投资决策过程中存在的问题

① 市场调研数据失真。如：项目产品价格、市场占有率、潜在客户、行业发展前途等。而造成调研结果失真的原因很多，例如对市场调研不够重视、调研经济投入不够、调研机制设计不合理。其中不乏一些市场调研人员为了达到实施目的，美化了项目可行性报告，误导了决策者的判断。

② 投资决策者缺乏专业素养。中小型民营企业由于自身条件的限制，很多企业只看到了眼前的经济利益，不重视人才的发展，很多中小型民营企业上到管理者下到会计人员都没有能读懂会计报表的，更别说分析其中的数据，为企业的发展提供建议。在大部分的中小型民营企业中，决策者大多缺乏财务分析、投资等理论知识，从而简单地用利润指标进行测算，或者是只看到浅显短期的结果，未能进行更深层次的探索，更谈不上科学地对项目进行研究分析、经济论证。故在实践中投资决策较为粗放，项目投资后导致企业经营难以为继。

2.企业在发展投资中应注意的问题

基于以上分析，中小企业在发展投资中应注意以下问题。

（1）重视资金时间价值，提高投资决策科学性

中小民营企业基本上不用现金流量贴现方法对项目决策进行分析，从而也就不考虑资金时间价值。其主要原因是计算贴现指标的方法比较复杂、专业，而且分析成本相对较高。但是，为了使投资决策更加科学，企业利益最大化，中小民营企业不得不考虑这个问题。现金流量贴现法不仅适用于固定资产投资，而且适用于其他各种类型的投资。因为，任何投资都可以预计其将来的现金流入量，然后以确定的目标报酬率贴现后与投资额进行比较，据此确定应否进行投资。这也适应了中小民营企业投资对象多元化的特点。

（2）加强项目财务可行性和不确定性分析，保障项目投资成功率

项目财务可行性分析是项目决策分析与评价的重要组成部分，是重要的决策依据，它是对项目的财务盈利能力、偿债能力和财务生存能力的分析。项目可行性分析应遵循动态分析和静态分析相结合，以动态分析为主的原则，在实际运用中一般采用净现值法。敏感性分析和盈亏平衡分析是项目不确定性分析

常用的方法，每个项目中都包含敏感因素，其会对基本方案的经济指标产生影响。敏感因素分析法就是找出这些不确定因素，估计项目的效益对它们的敏感程度，预测项目可能承担的风险。盈亏平衡分析的是指根据盈亏平衡点的高低判断此项目的抗风险能力。

（3）强化本行业或相关联行业投资

中小民营企业本来就受自身的资金、规模的影响比较严重，所以在投资时应该在自己的领域内不断推陈出新，以不间断的自我累积、产品研发与升级、技术创新，更贴切消费者的需求来实现企业的发展，而不是盲目地投资热门行业。企业要培养自己的核心竞争力，专业化发展，在自己的领域内做大做强。

企业为了实现战略，通过投资构建竞争优势或扩大经营业绩。一般来说，年度经营中会涉及投资计划。公司层的投资计划由公司统筹安排；各阿米巴的个性投资计划由各阿米巴申报，公司根据情况审计各阿米巴的投资计划。阿米巴经营的投资行为分为：公司直接投资、各阿米巴自主投资、跨巴股权投资、个人持股投资四种情况。每种类型的投资都纳入公司的投资管理体系，由公司财务部负责监管，并按公司相关规定或各投资方的投入产出大小进行利益分配。

第三节
阿米巴年度经营策略

一、经营策略的思考维度

经营策略是指阿米巴为完成年度各项任务和目标所采取的经营手段和方法，主要体现在方法和执行。如某个阿米巴要通过增加设备，以提高单位时间的产值，获取更大的规模效益，这个阿米巴巴长就需要考虑如下几个问题：

① 进行销售计划分析和产能分析；

② 进行投入产出分析并出具投资报告；

③ 确定引进投资的利益分配方式；

④ 进行车间场地规划或场地调整；

⑤ 进行新增设备的用工安排；

⑥ 进行新增设备的效能管理。

以上思考和工作还要明确解决这些问题的完成责任人、完成时间、完成效果、验收确认等事项。这就是一个阿米巴巴长要考虑的增产经营的策略。

如果上升到公司完成年度经营目标的策略，就要从公司经营的全局去思考，主要有四个思考维度：

① 公司经营的短板是什么？如何解决短板问题？

② 公司市场发展的阻力是什么？如何解决阻力问题？

③ 完成年度目标内外有利因素是什么？能否将有利因素放大？

④ 创造收入和利润增量的潜力是什么？如何挖掘这些潜力？

在充分思考与研究以上四个维度问题后，再将思考结果或对问题的答案一一列出来，按表 2-21 模型描述清楚，就形成了年度经营策略思考模型。

表 2-21 经营策略思考模型

问题	1	公司经营的短板是什么？如何解决短板问题？
	2	公司市场发展的阻力是什么？如何解决阻力问题？
	3	完成年度目标内外有利因素是什么？能否将有利因素放大？
	4	创造收入和利润增量的潜力是什么？如何挖掘这些潜力？

项目	具体描述	解决策略
短板 1		
……		
阻力 1		
……		
有利因素 1		
……		
增量潜力 1		
……		

二、经营策略的制定

经营策略是支持经营目标实现的手段、方法和措施，对年度目标的实现非常重要，如果没有具体的策略实施，目标就不可能实现。

我们通过四个维度对经营策略的思考，形成了经营策略模型，接下来还要从以下几个方面分析制定经营策略的详细内容。

1.与国家政策有效结合

主要是在市场当中利用市场经济方针的基本政策,并且和相关行业间的发展情况融合,还需要考虑企业的规划目标,从而制定出与之相关的企业年度经营策略。

2.与企业或各经营主体现有资源条件有效结合

要了解组织环境、资源条件和所有相关配套支持,考虑所有资源的使用情况,针对这些信息制定出与之相关的经营策略。

3.与组织中纵向或横向相关部门进行沟通

在企业当中,经营者需要考虑所有部门之间的联系,并对其进行正确的指引,而且还需要组织会议一起商讨经营方法,让所有部门都可以参与到其中,最终保证所制定的经营策略与企业发展相符。例如,某大型手机企业在制定年度经营策略时,就是把营销部门、生产部门等相关部门的主要负责人集中起来,令其各抒己见,从而有效加强了部门之间的联系,保证年度经营策略制定得到各部门的认可与支持。

4.综合分析各项数据

在制定经营策略过程中,需要对以往的经营数据进行分析,对未来的情况进行数据性预测,保证经营策略的正确性和科学性。

由于制定年度经营策略对企业发展意义重大,因此一定要关注其可行性。如果所制定的企业经营策略缺乏可操作性,不能让每一个人理解执行,就无法帮助企业解决问题和实现目标,还可能会给企业造成危害。

通过以上几个方面的分析,就可制定详细可操作的经营策略。见表2-22年度经营策略编制表。

表2-22 年度经营策略编制表

策略项	具体策略	详细行动计划	达成效果	完成周期	负责部门
解决经营短板					
抗击市场阻力					
放大有利因素					
挖掘增量潜力					
其他					
备注					

第四节
对阿米巴经营主体的管理

阿米巴经营模式虽然是量化分权、自主经营、独立核算的模式,但并不是公司不问不管,而是通过以下策略和手段即"1+3 保障",对各阿米巴经营体进行管理,帮助其提高业绩,做好风险预防。

"1"是指建立一个阿米巴经营委员会组织。

"3"是指做好三件事:一是与巴长签订经营协议书;二是建立财务审计制度,对各级阿米巴的经营进行依规审计;三是建立经营分析述职制度,各级阿米巴巴长定期述职。

一、建立阿米巴经营委员会

在阿米巴经营模式运行体制中,各个经营主体依据公司战略和年度经营计划自主开展本阿米巴的各项经营与管理工作,工作上具有一定的独立性。但每个阿米巴个体组织服从于公司大局,为了杜绝各自为政和无政府状态现象的发生,需要建立一个能代表总公司协调和处理阿米巴日常经营活动中遇到的重要问题或对阿米巴交易异常与交易纠纷进行仲裁处理的组织机构,这个组织机构称为阿米巴经营委员会。

阿米巴经营委员会的主要职责为:

① 对阿米巴经营进行战略性的统筹;

② 阿米巴经营非预算内资源的统一调配;

③ 阿米巴交易异常问题的协调仲裁;

④ 阿米巴运行过程各类投诉处理;

⑤ 对各阿米巴经营的督导精进。

阿米巴经营委员会组成成员一般由公司负责人、二级和三级巴长以及有关专业人员组成。具体根据每个企业的实际情况而定。

在我们实际咨询的案例企业中,阿米巴经营委员会被赋予不同的职责,组织成员也不尽相同,这主要是因为每个企业的实际情况不同。企业可根据自身的实际情况组建阿米巴经营委员会,成员一般都为兼职,只有大型企业特别需要专职人员时才设专职岗位。

例如，以下是某公司（简称 B 公司）阿米巴经营委员会组织机制。

B 公司阿米巴经营委员会架构如图 2-4 所示。

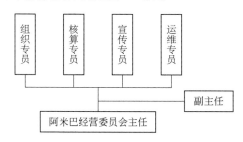

图2-4　B公司阿米巴经营委员会架构图

B公司阿米巴经营委员会成员组成如表 2-23 所示

表 2-23　B 公司阿米巴经营委员会成员组成

成员工作职位	成员数量	任职者
委员会主任	1	董事长一级巴长
副主任	4	总裁一级巴长，产品统筹公司/销售运营公司/制造中心二级巴长
组织专员	1	人资行政中心二级巴长
核算专员	1	经营财务中心二级巴长
宣传专员	1	人资经理三级巴长
运维专员	17	市场部三级巴长、采购开发三级巴长、产品开发三级巴长、外贸部三级巴长、内部各工厂三级巴长、销售运营公司各分公司三级巴长
合计	25	

B 公司经营委员会工作职责如下：

① 组织实施集团公司中长期发展战略规划和年度经营计划；

② 审核各阿米巴经营的年度预算和预算外支出；

③ 组织推动和维护阿米巴经营模式的正常运行；

④ 阿米巴经营各项规则的调整审核决策；

⑤ 定期组织召开阿米巴经营分析会议并督导各阿米巴经营改善；

⑥ 阿米巴经营风险的预防与管理；

⑦ 阿米巴内部交易纠纷的仲裁处理；

⑧ 阿米巴经营审计过程的监督和审计结果的应用督导；

⑨ 各阿米巴巴长的任用审核与考核评价；

⑩ 各阿米巴经营权限的调整和经营分红（奖金）方案的审核；

⑪ 各阿米巴组织裂变、内外合作机制与交易结构变化的审核。

B 公司阿米巴经营委员会按上述职责开展工作，既对各阿米巴的重要事项进行协调或裁决，又为各阿米巴提供经营指导和风险预警，使各阿米巴的经营管理朝着公司确定的方向和目标发展。

二、签订阿米巴经营协议书

《阿米巴经营协议书》的签订是确保各阿米巴依法依规开展经营活动的必要手段，更重要的是体现阿米巴经营模式是"我要做"而不是"要我做"，做不好"我负责"而不是"老板负责"。

《阿米巴经营协议书》的内容包括，公司与阿米巴经营者就"经营期限、权责活动、经营目标、风险责任、经营考核、利益分配"等事项的约定。

经营期限：是指阿米巴巴长与公司签订经营协议书的起始与终止时间。

权责活动：是指对阿米巴巴长任职期间能独立开展经营活动范围的界定，以及授予其行使职务的经营决策权限。

经营目标：是指阿米巴巴长任职期间所要完成的战略性目标、财务性目标和成长性目标。

风险责任：是指阿米巴巴长在任职期间造成的经营风险，应该承担的经济或法律责任界定。

经营考核：是指对阿米巴巴长及其团队成员在任职期间的经营业绩、胜任能力的考核要求界定。

利益分配：是指对阿米巴巴长及其团队所创造利润的分配方式的规定。

> 案例：某公司在与阿米巴巴长签订的经营协议书中，对风险责任事项进行如下界定：
>
> 甲方：公司　　　　　　乙方：某阿米巴巴长
>
> 乙方在甲方的授权范围内自主开展本巴的各项经营与管理活动，甲方不得随意干预乙方的日常管理工作，不得无故终止本协议书的执行。但以下特殊事项除外，即如发生以下特殊事项，甲方或公司除有权终止本协议书外，还可向乙方追究相应的经济或法律责任：
>
> 1. 经查实，乙方具有严重侵占公司利益的行为；

（此条情况下：甲方对乙方追回侵占利益，同时对乙方按侵占利益折算金额的140%处罚）

2. 重大决策失误造成公司超过50000元以上经济损失；

（此条情况下：甲方可视情况要求乙方赔付甲方损失金额的20%～50%）；

3. 连续两个经营考核期业绩不达标；

（此条情况下：业绩未达到预算目标的80%为不达标）

4. 乙方的经营管理方向与公司整体战略安排发生严重冲突；

（此条情况下：以甲方公司董事会考察评估的结果为准）

5. 乙方胜任能力明显难以达到公司的要求，严重制约了公司经营目标的达成；

（此条情况下：由甲方对乙方进行胜任能力考核，以考核分数相对应的标准评价为准）

6. 乙方严重违反公司规章制度或违反国家法律法规被追究相关责任。

（此条情况下：参照甲方公司有关规章制度和国家法律法规执行）

三、建立财务审计制度

阿米巴经营模式既是公司的盈利模式，也是企业内部员工的创业模式。企业形成市场化平台，各阿米巴在平台上进行内部交易传递价值，对价值提供的过程和结果进行独立核算。各阿米巴巴长在合理充分的授权下独立开展工作，可以充分发挥其积极性、主动性和创造性。为了确保阿米巴巴长既能灵活行使权力，又能让权力真正发挥积极的作用、不致产生偏差和风险，阿米巴模式下须建立对各阿米巴经营主体之经营过程的财务审计。

1. 对阿米巴财务审计的范围

（1）经营审计

对各阿米巴经营相关的经济活动及经济效益情况、资金运用和财产管理情况等进行审计监督。每年审计一次。

（2）责任审计

对各阿米巴巴长进行履行权责审计，审查经济责任涉及的相关事项及公司制度的执行情况等。每年审计一次。

（3）离任审计

对各阿米巴巴长离任、调职时，其任职期间的阿米巴经营情况进行审计。

（4）其他审计

董事长、阿米巴经营委员会决定需要审计的其他事项。

2. 对阿米巴财务审计的原则

（1）依规原则

审计应严格依照阿米巴相关规则和公司相关制度的要求进行审计。

（2）公正原则

审计应持公正的立场和态度，以适当、充分的审计证据支持审计结论，实事求是地做出审计评价和处理审计发现的问题。

（3）保密原则

审计人员应当保守其在执行审计业务中知悉的商业秘密和员工私密；对于执行审计业务取得的资料、形成的审计记录和掌握的相关情况，未经公司总经理批准不得对外提供和披露，不得用于与审计工作无关的目的。

（4）回避原则

审计人员若与审计事项或与被审计的阿米巴有利害关系的，应事先申明，不得参与该项审计工作。

3. 对阿米巴财务审计的应用

（1）决策支持

阿米巴经营审计结果可以印证在经营过程中的各项决策的正确性，为战略实施和年度经营计划运行提供数据支持。阿米巴审计结果是一个在企业内部有相当权威性的结论，是阿米巴日常经营决策的主要参考信息。

（2）经营改善

各阿米巴根据审计反馈的结果，对照审计结论查找自身不足，制定改进计划，进行本巴经营的改进与纠偏。

（3）人员任用

审计结果是对阿米巴经营成效的公正评价，同时也反映了阿米巴的用人效果。阿米巴经营需要巴长对结果负责，公司将根据经营期的审计结果并结合公司相关人事制度对巴长进行任免或淘汰处理。

四、建立经营分析述职制度

建立阿米巴巴长定期述职的经营分析会制度,是阿米巴经营对巴长能力考核与提升的一个重要手段。通过定期的述职,可以检核巴长们的思考能力、总结能力和其他综合能力。特别是通过与会者的点评和质询,可以促进巴长们对工作的认真和担当。将述职的结果与各阿米巴经营报表以及经营协议书考核的内容一一对应进行评估,从而全面检查各阿米巴巴长的尽职情况和发展潜力。

有关经营审计的结果应用和经营分析会内容在后续章节有详细描述。

第五节
阿米巴经营风险的防范

随着我国社会经济的迅猛发展以及经济全球化进程的不断加快,我国大多数的企业已经做到了与国际化市场接轨,并且从中得到了更大的发展空间。与此同时,少数企业受到了社会形势的影响,在激烈的行业竞争中面临危机。为了能够实现自身的稳定发展,企业在专注于生产经营的同时,能够发现潜在的经营风险,做到及时准确地分析与防范,建设系统的企业经营风险分析防范体系尤为重要。

一、企业经营风险的成因

企业经营风险是指企业的决策者和经营者们在生产经营的过程中可能会做出的错误决策或错误行为而影响公司收入水平从而带来达不到投资者希望达到的收益要求的风险。

一般看来,企业的经营风险主要来源于一些外界社会环境的不确定性、市场经营过程中可能出现的一系列问题以及企业各级经营者的经营决策是否具有实际意义,甚至还包括企业员工们自身的文化水平与工作态度。

1. 形成企业经营风险的内部因素

财务因素:企业在经营过程中会受到各种不确定因素的影响与限制,从而使企业实际实现的财务收益与其预期的财务收益有所差距,而使企业面临经营不善甚至破产倒闭的危机。

人力因素：企业的生产经营过程大部分都是由员工来完成的，员工自身的知识水平、对待工作的态度以及职业技术能力决定着企业的经营管理水平。

团队因素：企业的核心团队与企业员工产生冲突导致人才的流失现象，或者经营决策者对于企业的经营管理决策判断的失误使企业发生经济损失。

2.形成企业经营风险的外部因素

政策因素：国家或政府的相关部门对于本企业所在行业的政策发生重大改革或者新的法律法规的出台，所带来的市场波动对企业或者企业所处的销售市场的影响。

市场因素：外部大环境因素对企业的经营管理的影响。近几年随着我国综合国力的快速发展，人们的生活水平跟过去相比已经有了很大程度的提高，购买力大大增强，那么企业的收入必定会因此有所增长。相反，当人们的购买力因为某种原因的影响而有所下降时，企业的收入必然随之下降。

法律因素：企业的各项生产经营活动都受到国家法律制度的约束与限制，同时行业的法律意识也影响着企业的生存环境。如企业因签订合同不慎重，陷入对方刻意留下的合同陷阱或者存在违约、欺诈等现象造成企业发生经济损失。

技术因素：企业的技术能力在企业经营中起着重要作用，它决定着本企业的产品质量好坏与是否能受到消费者的喜爱。本企业所生产的产品在市场上是否畅销，在技术、质量、服务、销售渠道以及销售方式上是否存在市场竞争力也对企业的经营风险产生影响。

二、企业经营风险的特征

1.风险的可测性

风险是在一个特定状态下发生的，它受到现实某种因素或者大环境的影响，而会在未来可能发生的事件上反映出来。它是可以通过对现有条件和现有实际因素的观察与研究探索，来进行初步预测的。

2.风险的客观性

经营风险时时刻刻存在于企业的经营管理过程中，它不被人们的意识影响，更不受人们控制，它也不可能被消除。人们只能竭尽所能想办法去避免风险，降低风险带给企业的影响。

3. 风险的不确定性

在企业的生产经营过程中，我们不敢确切地说风险是一定存在的，它在某一个环节或者某一个过程当中有可能随时发生，这就是风险的不确定性。

4. 风险的刺激性

企业经营风险的发生虽然有可能给企业带来一些麻烦，但是企业经营风险的产生也必定会对企业的发展起到一种促进作用，加速企业的自身调整，使企业得到更好的发展。

三、企业进行经营风险管理的作用

1. 增强企业管理者、决策者对于经营风险的意识

使他们在提升意识的同时明确实行经营风险控制对企业可持续发展的重要作用，并在以后的发展中更加注重经营风险的管理。

2. 使企业更加快速地发展

通过提前分析与防范，把企业一些随时可能产生的生产经营方面的不安全、不确定的影响因素扼杀在摇篮之中，减少企业一些不必要的费用支出，增加企业的利润，为企业的发展保驾护航。

3. 为企业打造一个相对安全、稳定的发展环境

加强企业对于风险的预知与防范能力，使企业经营风险管理制度与经营风险管理体系更加健全，使得企业能够在一个相对稳定的生存环境中快速前进。

四、企业经营风险的防范措施

1. 企业的管理者、决策者必须拥有强大的风险防范意识

企业管理者是企业精神与企业文化的象征与代表，他们的决定意味着企业是否能够沿着正确的方向发展。长久以来，我国部分企业管理者不办实事，风险意识薄弱。他们不了解企业经营过程中会面临的种种风险，导致企业经营惨淡。这就要求管理者在工作的同时一定要加强自身对于经营风险的意识，做好企业经营风险分析与防范，随时掌握和处理企业可能发生的各种风险。这样企业才有可能在正确的领导下不惧风险，长期发展。

2.企业必须建立健全风险防范体制

只有拥有一个健全的风险防范体制才有可能规避企业在生产经营过程中面临的各种各样风险，使企业生命力持久。建立完整而全面的防范体制，从制度上保证可以提前预测每一种可能出现的风险。企业不仅要制定各种完善的规章制度，还要根据内外各因素或者环境的影响及时对制度进行更改、修订与完善，并确保真正按照各项制度要求认真工作，真正发挥其防范风险的作用。

3.企业应时刻保持信息的实效性与正确性

企业应实时关注行业政策变化与市场需求信息的不断更新，及时掌握第一手资料，关注形势变化，这样有助于企业更好更快地进行分析、决策与防范，高效地规避风险，把风险可能给企业带来的影响降到最低。

4.转移和分散风险

转移与分散风险往往可能会减少企业的收入与利润，但是会相对降低风险对企业的影响。例如，如果企业的库存商品过多，企业为了减少风险，会采取降价处理或者多样化组合产品进行销售，这一举措虽然不会带来大量的收入，但是可以有效地转移和分散风险，延长企业寿命。

企业在生产或经营过程中难免会遇到各种困难挑战，甚至是遇到给公司带来经济损失或法律责任的经营风险，这就要求董事会、公司高管和各级阿米巴经营者，树立风险意识，提前预防风险发生，或把发生的风险降到最低，减少风险对公司发展的负面影响。所以，在公司年度经营工作中，预测风险的发生，制定防范措施是非常必要的。

华米咨询曾经服务过广东一家家居建材企业，该企业的主要业务是家居产品的研发、生产与销售，是当地行业排名第一的龙头企业。在对该企业进行充分调研分析基础上，我们和该企业的战略小组一起，深入分析企业经营过程中的困难和风险，形成了对风险的一致认知，并制定了相应的预防策略。如表 2-24 所示。

表 2-24 某企业风险防范策略

风险分类	序号	风险事项	预防措施	主责部门
决策类	1	公司重要决策风险	建立公司重要事项决策机制，规范流程，避免决策过度集中	董事会
	2	各阿米巴经营决策风险	建立阿米巴组织"责、权、利、险"相结合的各经营单元分权与分担机制，化解经营风险	各阿米巴

续表

风险分类	序号	风险事项	预防措施	主责部门
财务类	1	资金使用风险	建立完善资金管控制度和预算管理制度，严格推行预算管理体系	各阿米巴
	2	税务风险	建立、完善税务风险评估机制，做到守法经营、合规经营	经营财务巴
	3	公司投资风险	按股东会、董事会要求严格把关对外投资，长期投资做层层审批和效益评估，短期投资注重风险评估	董事会、经营财务巴
业务类	1	成品库存风险	按月定期对库存进行呆滞检讨，定期对库存盘点，厂外库存做好数据分析、实时监督	销售运营公司
	2	运输风险	明确运输过程中客户、物流公司、公司三方的风险责任，并形成合同条款实施	销售运营公司
研发类	1	研发投入风险	研发投入前做好风险评估和费用预算，严格预算管理	产品统筹公司、财务巴
	2	研发时效风险	制定研发进度表，并做好研发进程跟踪，把握研发进度	产品开发部
	3	研发战略风险	做好市场调研，并结合公司战略进行充分研讨，董事会集体决策	战略决策委员会
用人类	1	人才引进风险	① 根据战略发展规划，制定人才规划，并根据规划制定人才选用标准，做到严进宽出；② 对关键岗位人才进行背景核实和标准化的用人考察机制；③ 核心岗位除保密协议外，视情况签订竞业协议；④ 实行竞聘上岗制，优胜劣汰	人资行政中心
	2	股权风险	① 完善《合伙人协议》及股权管控机制，明确合伙人（投资型与分红型）的职责与义务（利益共享与风险共担）；② 规范晋升与退出股东条件，建立合伙人标准	董事会
产品供应类	1	交期风险	制定内部交易机制，将成品交期服务与产品采购计划量和经济利益挂钩	产品供应中心、制造中心
	2	供应商风险	① 建立和完善供应商开发、考评与储备机制；② 各供应商必须有不小于两家资质相等的战略储备	产品供应中心
政策类	1	国家政策影响风险	收集、解读与企业相关的国家最新政策、法规，并以此修改、完善公司的相关制度、文件，确保合法、合规	董事会

续表

风险分类	序号	风险事项	预防措施	主责部门
政策类	2	行业变化影响风险	① 参加在国内、国际有较大影响力的展会，把握办公家具的发展潮流和趋势； ② 关注行业动态，及时更新企业相关的行规、行标	董事会
竞争风险	1	同行竞争风险	① 通过品牌建设提高品牌影响力和营销力； ② 通过集成式规模化生产降低产品成本，提高性价比	董事会、产品供应中心、营销中心
	2	产品竞争力风险	严把产品开发决策关，对新材料、新产品的开发充分评估，形成各品牌产品线配套和集成服务优势，有别于竞争对手	董事会、产品供应中心
	3	客户变化风险	① 采用股权或合伙人方式建立销售合作伙伴关系模式，形成利益共同体； ② 加强销售服务队伍的建设与素质提升，对合作伙伴加大实质性的支持力度，帮助销售合作伙伴经营业绩提升； ③ 通过政策设计，建立销售合作伙伴优选和淘汰考核与激励机制，培育优质销售合作伙伴	营销中心

第六节
阿米巴年度经营计划

一、公司年度经营计划

"年度经营计划"是基于公司的整体战略和各个事业部的业务目标，通过反复周密的预算而制定出来的。显示出公司决策层"希望公司在这一年里达成何种目标与效果"的意志。为了率领员工开展公司经营，就必须制定具体的目标，重要的是必须用具体的数据来设定目标，以明确销售额、生产总值、利润、人效等经营目标。而且，这一目标不能仅仅是公司整体的数据，而必须细化到各个阿米巴，必须是非常详尽的目标。

如果没有共同明确的目标，员工就会各自为政，无法把每一位成员的力量凝聚在公司所指引的方向上，最终无法实现组织的整体目标。在激烈竞争的经济环境下，为了能够开展具有前瞻性的经营，公司一般需要制定三年期滚动计划，同时还要制定更为精确的一年期计划，即"年度经营计划"，并以此来进行公司的运作。

"年度经营计划"既是对公司战略的分步实施,又是公司年度工作的总体安排和行动指南,公司运作以"年度经营计划"为主线,实现对各阿米巴的经营统筹。

一个完整的"年度经营计划"的内容可以概括为表 2-25 所示。

公司"年度经营计划"的编制一般由阿米巴经营委员会主任牵头,列出编制任务时间表,由经营委员会成员分工负责,最后汇总召开专题会议审议修订,形成正式的《公司年度经营计划书》。公司须最迟于 12 月 15 日前向公司各部门、各单位下达次年的"年度经营计划书"。

表 2-25 战略性年度经营计划内容模型

×× 公司战略性年度经营计划内容		
年度经营纲领	公司年度经营中心思想和关键词	
年度经营目标	战略性目标	对公司未来发展有影响的目标和关键事项是什么?如何分解到各阿米巴
	财务性目标	本年度经营要完成的收入和利润目标是多少?如何分解到各阿米巴
	成长性目标	代表公司成长能力和发展潜力的指标是什么?如何分解到各阿米巴
	利润巴目标	各利润巴收入和利润的分解目标分别是多少
	预算巴目标	各预算巴年度费用按月分解目标分别是多少
年度资源规划	人才发展规划	人才使用和梯队建设的具体方法是什么
	资源配置计划	各阿米巴的场地、物质资源、现金流配置计划
	资源整合规划	公司和各阿米巴资源整合具体计划
	投资发展计划	公司和各阿米巴的投资计划
年度经营策略（或竞争策略）	产品创新策略	产品创新的方法和主要任务是什么
	品牌推广策略	品牌推广的方法和主要任务是什么
	采购策略	采购要改进的工作和采购优势建设项目是什么
	……	……
对阿米巴经营体的管理	各阿米巴巴长量化分权	巴长的"权、责、利、险"约定和经营协议书签订
	审计规定	对阿米巴巴长的经营审计的开展与审计结果应用
	述职规定	对阿米巴巴长经营工作的检核和督导精进
	经营激励	公司与阿米巴如何分享兑现经营红利
经营风险防范	总公司	整体经营风险种类预测与防范措施
	各阿米巴	个体经营风险种类预测与防范措施
年度经营注意事项	公司层面	如何全面统筹工作?如何全力支持和督导各阿米巴经营
	各阿米巴	经营中,要怎样兼顾本巴和公司,兼顾个体和整体

二、各阿米巴年度执行计划

在每个年度经营开始之前,所有的阿米巴都需要根据公司预算目标和"年度经营计划书",制定各自的"年度经营执行计划"。

各阿米巴年度经营执行计划要精确到每月、每周的执行计划。"年度经营执行计划"必须围绕公司"年度经营计划"要求,并从自身阿米巴的经营角度和管理改善出发,基于下一年度的工作整体计划,不仅仅局限于销售额、利润、人效等目标的完成措施,还必须有推动本巴长期健康发展的举措和本巴经营短板解决办法。

表 2-26 为阿米巴年度经营执行计划模型。

表 2-26 阿米巴年度经营执行计划模型

20××年 _____ 阿米巴年度经营工作执行计划								
工作主线	重点领域	要解决的问题	解决问题主要策略	关键行动措施	优先级	预计成果描述	主体/责任人	所需资源支持
助力公司战略实施方面								
促进本巴目标完成方面								
本巴运营管理提升方面								

第七节
阿米巴经营责任机制

一、阿米巴目标责任体制

在阿米巴年度目标执行体系中,各层级巴长所扮演的角色和工作重点是不一样的。我们通过一个案例来分析目标执行组织体制。

某公司是一个大型铝型材生产企业，主营业务以研发、生产和销售工业铝型材和铝单板为主，导入阿米巴经营模式后，公司建立了分层分级核算制的目标管理体系，实行划小经营单元的自主经营、独立核算制。图2-5为某公司阿米巴组织架构图。

从以上这个公司阿米巴组织架构图可以看出，该公司组织分为四个核算层级，公司为一级核算、事业部为二级核算、车间为三级核算、班组为四级核算。

最底层（四级或三级）利润巴是内部交易核心主体，承担着收入和利润目标完成的主要任务，因此这一层级阿米巴巴长的主要执行责任是围绕如何向交易交联方提供优质的产品或服务来开展工作的，并且要承担交易的各类风险。

第二、三层（二级和三级）阿米巴有利润巴和预算巴二种形态，如果这层级的利润巴是最底层，则要承担交易职能和交易风险；如果这层级的利润巴不是最底层，它还有下一级利润巴，则该利润巴的经营成绩是它所属下级阿米巴经营成绩之和，如果用经营报表来反映则是：上级阿米巴所属所有下级阿米巴的合并报表即为上级阿米巴的经营日报表，因此担负着对下级所有巴的统筹、协调和风险管理职能。二级或三级预算巴主要是为各级利润巴提供工作支持和后勤保障服务的，它们按照公司年度经营策略相关涉及的工作任务和本职工作职责要求履行责任。

二、阿米巴岗位责任落实

阿米巴模式下，每个阿米巴单元都是一个自主经营体，由巴长承担经营效益和经营风险责任。巴长主要精力要放在如何带领团队成员实现本巴经营目标，只有每一个阿米巴个体担当责任、完成任务、达成目标，阿米巴整体才能完成任务和实现目标。所以如何抓好阿米巴每一个成员的目标分配、工作落实、责任到位是阿米巴巴长管理的重点所在。对阿米巴成员的管理与任用，通常有以下三个方面的重要工作要做。

1.目标任务分解到岗位

年度经营目标的完成需要团队齐心协力，巴长要将本巴目标按时间（月、周或日）和空间（部门、小组或个人）分解到每一个岗位，并明确每一个岗位的工作责任和交付标准。可用到的工具如表2-27所示，这个计划可以是月计划、周计划，甚至是日计划。计划做得越细就越好抓责任落实。

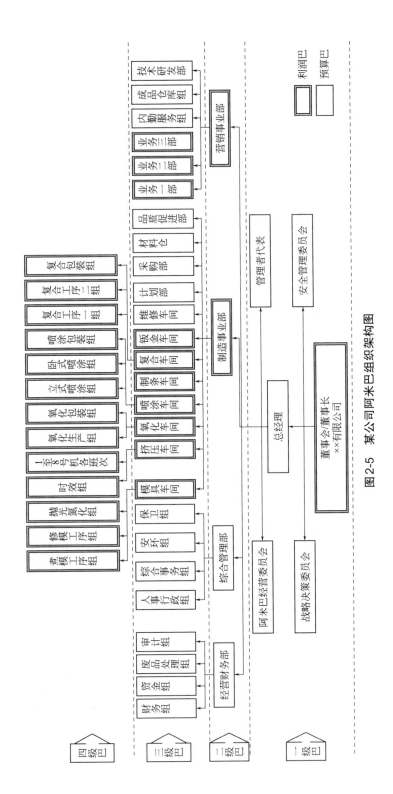

图2-5 某公司阿米巴组织架构图

表 2-27　阿米巴目标计划执行表

巴级	巴名	岗位	上级巴长	目标值	工作任务	完成时间

2.目标完成量化考核

阿米巴的经营实绩是通过《阿米巴经营报表》中的数据来表现的，巴长对本巴的经营按阿米巴运行系列规则并用专用报表进行核算、分析与改进，使每一个阿米巴成员都明确本巴经营情况和问题所在，发动每个成员参与经营改善活动。对阿米巴成员的考核要从两个方面进行：一是专业能力（技能）的考核；二是岗位业绩的考核。

专业能力（技能考核）是指要制定岗位任职的技能标准，按"阿米巴人才素质标准模型"（见笔者另著《中国式阿米巴经营模式之人才机制操盘策略》一书）对岗位素质的要求进行定期考核，考核的权重可占20%～30%。岗位业绩考核是指按岗位的实绩和计划实绩进行对比分析，根据差距对岗位任职者评出分数，有欠就有相应扣分，有超就有相应加分，考核权重可占70%～80%。岗位个人能提取数据的就实行单一个体考核；岗位个人不能提取数据的就实行小团队考核，以岗位价值工资占总比的比例核算个人得分。

3.公平奖惩、多赚多得

依据《阿米巴经营报表》数据结果对阿米巴成员的奖励有物质和精神二种：物质奖励是指给成员加薪、奖金、分红甚至是股权；精神奖励是指给成员荣誉称号、奖牌、奖杯、证书、职务晋升、技术等级晋升等。对阿米巴成员的惩处是指按阿米巴运行相关规则对造成损失或不良后果的岗位责任者以降薪、扣奖金、赔付、降职、降级、开除等处理。

三、阿米巴业绩循环改善

每一个阿米巴经过一个经营周期的运转结束就迎来另一个经营周期的开始。阿米巴巴长需要对本巴上期的经营进行复盘分析，召开本巴复盘会议，分析总结存在的问题，对下一期的经营提出改进点和改进方法。改进的方法及侧重点如下。

1. 业绩改进侧重点

① 以目标计划为基础。要明确目标计划,明确业绩衡量标准(或指标)。

② 以过程管理为重点。经营的改进重在过程,是通过循序渐进的探索、改进过程来实现绩效目标。

③ 以未来绩效的提高为愿景。业绩改进不是要对过去的工作表现作评估而得出优良中差的结论,而是通过员工过去的表现找出改进点并总结出改进方法,着眼于未来绩效的提高。

④ 以绩效结果为导向。关注员工的绩效目标达成情况,也关注员工工作方法与手段的改善。

⑤ 以牵引、推动员工进步为目的。通过目标的设定,牵引、推动员工围绕目标而努力工作,提高技能。

⑥ 以共同参与、双赢共益为原则。强调巴长、员工共同参与整个过程,使两者在绩效改进的过程中,结成互相促进、共同提高的事业伙伴关系。

⑦ 员工业绩达不到标准时,巴长要承担责任,使巴长成为业绩改进过程中的推动力。

2. 业绩循环改进

业绩改进过程是一个循环的过程。从目标计划、权责落实、经营运行到经营监审、分析改善、检查纠偏,到酬薪回报,再到下一个目标计划……周而复始,不断循环。图 2-6 为阿米巴业绩改善循环图。

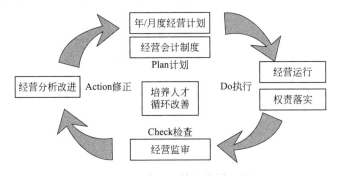

图 2-6 阿米巴业绩改善循环图

从整体来看,业绩改善的循环过程,是一个螺旋式上升和提高的过程,同时也是培养经营型人才的过程。一次经营改善就有一次经验积累和能力提升,一次经营改善就有一次管理完善和效益提升。

第三章
CHAPTER THREE

阿米巴经营会计科目设计

经营会计是阿米巴经营模式落地实施的关键环节。本章描述了阿米巴模式下，经营会计运行的组织责任体制，以及经营会计运行对财务主管部门和各级阿米巴巴长的要求。熟悉和掌握经营会计"科目设计、费用分摊、交易定价、交易规则、报表编制和数据应用"六大内容，并运用六大内容把企业经营"从合到分"连成一个完整的价值创造、价值传递与数据核算系统，是每一个阿米巴巴长应该掌握或提升的能力。

构建经营会计体系的首要任务就是进行各阿米巴会计科目的设计，本章详细描述了经营会计科目设计的思路、方法和工具应用。在阿米巴模式下，通过会计科目的有效设计，可以为阿米巴经营分析与改进提供实质性的支撑，也为阿米巴的业务决策、人员任用、利益分配等提供更加清晰和公平的依据。

会计科目因阿米巴核算形态不同而不同。成本型阿米巴、资本型阿米巴和利润型阿米巴都与经营利润直接相关，只是获取利润的途径与方式有别而已，其区别就反映在会计科目的设计上。会计科目设计不是一成不变的，当企业经营实际情况或组织架构等发生变化时，会计科目也应随之调整，调整的目的是为了使会计报表符合企业经营实际，而不至于造成核算数据失真。

阿米巴经营会计是与传统财务会计不同的两种会计制度体系，它主要用来体现各个细分阿米巴独立经营体的经营情况和经营实绩，并对阿米巴和企业的经营决策提供数据支撑。它不像传统财务会计一样，由公司财务部门每月统一编制一份财务报表，只反映公司整体的经营结果。阿米巴经营报表要在时效上、实用性上大大提升，要求每个多层且细分的阿米巴每天都能得到反映其最新经营状况的阿米巴报表，而这种报表是在内部交易基础之上产生的，这就要求企业建立一套全新的"经营会计体系"来支撑它。华米咨询团队在辅导企业导入阿米巴体系的实务过程中不断总结、提炼，最终形成了一套适合当下中国企业特色的阿米巴经营会计体系落地方法。从本章开始详细解读阿米巴经营会计的方法与策略，希望读者能够掌握经营会计精髓、启发经营思路。

第一节
阿米巴经营会计体系六大内容

一、经营会计责任主体

与传统财务会计只由公司财务一个部门来专门完成数据收集、统计、编制报表不同，阿米巴经营会计是参与内部交易的各阿米巴共同完成的。传统财务会计体系的责任主体是公司的财务部门，而经营会计的责任主体是包括财务会计在内的各级阿米巴负责人——巴长。

1. 经营会计组织体制

在阿米巴模式下，各个阿米巴负责人是自主经营、独立核算的"老板"，对本阿米巴的经营要负绝对责任，包括对本巴的经营规划、目标设定、内部核算、人员管理、运营维护等。这就要求各阿米巴巴长必须全面统筹、事无巨细地思考和管理本巴。在经营会计组织体制内要各司其职、共同运维。每个阿米巴的巴长要编制各自的经营报表，上级阿米巴巴长要审阅下级阿米巴的经营报表，并合并成上级巴的经营报表。

2. 巴长的会计责任

在经营会计体制下，各阿米巴巴长的主要责任如下：
① 按要求收集、汇总各项原始会计数据（包括各项凭证、表单等）；

② 及时、正确地编制并提交经营报表；

③ 作为本阿米巴经营分析的主体，要负责运用好本阿米巴的报表数据，进行各项分析、改善和决策工作；

④ 上级阿米巴巴长要审核下级阿米巴经营报表；

⑤ 在经营会计规则的运维过程中，发现并提报问题或解决问题；

3.财务的会计责任

在经营会计体制下，公司财务会计的主要责任如下：

① 完成传统财务会计工作，编制本阿米巴的经营报表；

② 统筹企业整体经营会计报表体系正常运转；

③ 负责对各阿米巴数据进行监督审计；

④ 经营分析会议时，对公司各阿米巴的经营状况做整体分析；

⑤ 向公司领导报告阿米巴经营的审计结果；

⑥ 引进和运用先进信息技术，提高阿米巴经营核算和报表制作效率；

⑦ 对各阿米巴的内部分配方案审核把关。

二、经营会计体系六大内容

企业从传统的财务会计转变为阿米巴经营会计，其核算目的从记录企业收支状况以及资产变化情况，转变为以评价经营状况、分析决策和实现公平分配为目的。其核算主体由专业的财务人员变成各个阿米巴的经营者。企业的财务报表也由"全公司一份表"细化为"每阿米巴一张表"，涉及所有内部经营单元。所以企业要进行经营会计的导入，就必须建立一套行之有效的会计运行系统，即"阿米巴经营会计体系"。

华米咨询团队根据长期的阿米巴咨询实践，把这套"经营会计体系"归集整理为"科目设计、费用分摊、交易定价、交易规则、报表形成和数据应用"六大内容。

1.阿米巴会计科目设计

与传统会计科目设计不同，阿米巴经营会计科目要适合每个阿米巴的经营者进行编制、阅读、经营分析，并且每个阿米巴经营活动有关的人员、经费、设备、场所、利息等都要包含在该阿米巴的科目中，因为每个阿米巴的经营者就是该阿米巴的"老板"。

2.阿米巴费用分摊

阿米巴经营模式是由各个阿米巴自主经营、独立核算的模式。企业的内部交易主体，主要是参与定价交易的各个利润型阿米巴。为了让其他职能部门与其服务的利润巴形成内部客户关系，会计科目定下来后，企业就要研究：不参与定价交易的职能部门的费用，用怎样的方式，分摊给直接参与定价交易的利润巴，以这种形式，让它们参与到内部交易中来。从而打造"人人都是经营者"的交易型组织。

3.阿米巴交易定价

在阿米巴经营系统里，每个阿米巴就是一个核算主体，大家通过内部交易互相买卖有形产品或无形服务。交易就要有价格，所以接下来的工作，就是把参与交易的各个阿米巴之间用什么规则来确定交易价格明确下来。稻盛先生说"定价决定经营"，只有定价交易才能核算出每个阿米巴的经营水平和贡献价值，所以交易定价是经营会计体系中的重中之重。

4.阿米巴交易规则

同企业在市场上进行交易一样，在企业内部的各阿米巴之间的交易过程中也必然存在各种风险事项，如质量有问题、交货期没保障、包装破损等。为了最大限度地保证内部交易各方对交易结果的负责，防止内部交易各类风险的发生，企业有必要组织各个阿米巴负责人，把各种风险事项列举分类，如界定风险由来、风险责任、风险担当等。这样就形成了《阿米巴内部交易风险规则》，为企业内部阿米巴之间的正常交易保驾护航。

与传统会计只是公司专业会计制作一份会计报表不同，阿米巴经营会计核算体系中，每个阿米巴都要制作各自的经营会计报表，并且阿米巴与阿米巴之间的数据要频繁交换、互相印证。要保证这个数据体系的时效和正确，就需要企业制定一套数据运维的内部规则，这样就形成了"内部交易数据时效规则"，让各阿米巴共同遵守，维护数据体系的运行。

5.阿米巴报表形成

阿米巴经营报表，是经营会计主要输出的信息载体。也是每个阿米巴日常工作中必须完成的工作项目。企业内各阿米巴的数据引用、科目填制、报表提交都要严格规范。这样才能形成一套上下关联、一一对应的阿米巴经营会计报表。

6.阿米巴数据应用

阿米巴经营报表把各阿米巴的经营价值用数据充分体现出来，这些数据反映了各阿米巴的管理能力和经营水平，从而为公平正确地评价与考核阿米巴经营者提供了依据。经营报表中的数据具有多层化、精细化的特点，从数据中可以看出每一个阿米巴的实际经营情况，并根据数据对企业和阿米巴的各项业务、人事、财务等事项进行决策。这样，数据就在企业经营与发展中起到了重要作用。

第二节
经营会计科目设计

企业导入阿米巴经营会计，要做的第一项工作就是进行经营会计科目的设计。

会计报表中的会计科目，就像图书馆的图书目录一样。图书管理员管理偌大的图书馆，就靠着一套图书目录的规则。当新书入馆时，图书管理员都会按照既定的规则来编号并放在相应的区域中。例如：首先按文学类、科技类、哲学类、建筑类等来分；然后文学类又可以分成中国文学、外国文学；中国文学又继续分成古代文学作品、近代文学作品、现代文学作品等。读者想要找某一本图书，根据区域按码索取很快就能找到了。如果没有这一套目录规则，在茫茫书海中要很快找到一本书是很困难的事。

会计科目设计是阿米巴经营会计体系设计的一个重要环节，是确定会计对象经济内容的分类体系，为阿米巴会计凭证、会计账簿、会计报表及会计核算程序等设计奠定了基础。搞好会计科目设计对保证阿米巴经营质量、构建经营会计系统具有重要意义。

设置会计科目就是对多个会计核算对象的具体内容加以科学归类，便于对其进行分类核算与监督改进的一种方法。企业每天的会计数据众多，会计的基础工作之一就是把这些数据分门别类地记入账目中。传统会计科目的设计与记账要符合国家会计法的相关要求，只要遵照国家会计法的要求来做就行；传统财务报表的阅读者，需要接受相应的会计专业知识培训才能看懂财务报表，否则会一知半解。而阿米巴经营报表按照企业自身实际情况进行科目的分类设计，而且是各阿米巴负责人参与设计，它更符合生产经营的需要，经营者很容易看懂并应用。

在传统企业，整个公司作为一个经营体，只要定期编制一份财务报表。但是阿米巴经营模式下，企业被划分成若干个细小的经营单元（阿米巴）进行内部交易，每个阿米巴就相当于一个小的"公司"，为了体现它们的经营业绩，就有必要每个阿米巴做一份会计报表，我们称为"阿米巴经营报表"。它主要用于企业内部各个经营单元进行交易结果记录和经营改善分析，所以其阅读者通常是企业内部各相关负责人。而不像传统企业的财务报表，受阅人一般是企业权益人和政府有关监管部门，而企业各级经营者大多是看不到财务报表的。

阿米巴模式下，每天的经营数据都在各个经营单元之间频繁交换和汇算，如果不用统一的会计核算科目形式来进行规范，势必杂乱无章，难以有效统计、阅读和分享。另外，由于阿米巴经营会计报表是公司内部用的，每个企业可以根据自身的实际情况，制定符合本企业的经营会计报表科目。

因此，在导入阿米巴经营会计系统时，首先要做的就是阿米巴经营会计科目的设计工作。

一、科目设计的意义与作用

1.经营改善意义

稻盛和夫先生说过"现场有神明"，企业的一切经营改善必须要深入现场才能够看到切实的状态，才可能运用正确的方法，获得正确的结果，要"不断琢磨、不断改进、精益求精"。阿米巴要进行经营改善，就需要第一手的数据资料来做基础。每个阿米巴对经营改善分析的要求不同，其科目设计也应当不同。所以如果要让阿米巴经营改善效果好，切合各阿米巴实际需求的经营会计科目设计就非常重要。

2.战略实现意义

企业一切的机制设计都应以实现其战略为目的，阿米巴经营体系也是如此。每个阿米巴的经营都必须围绕"如何实现企业战略目标"这个大前提来开展。稻盛和夫先生曾经说过"让数据成为经营的指南针"，想要引导每个阿米巴协同企业战略开展经营活动，就一定要根据战略实现的需要来设计它们的经营会计科目，把其核算数据与企业战略紧密联结起来。所以，符合企业战略需求的科目设计是保证其战略实现的重要手段。

3. 科目的三大作用

（1）形成大数据链

企业内部各阿米巴之间频繁进行交易，其原始经营数据必然是分散、繁复和杂乱无章的，只有科学的会计科目设计才可以把这些原始数字分类整理为系统、综合的数据形式，这些数据才能在一定的时空条件、程度、范围内分享，从而形成公司的一套"经营大数据链"。

（2）让经营看得清楚

阿米巴组织能够成为独立核算的经营单元，就需要"有明确的收入，并能够计算出为获取这些收入所需的支出"。只有经过会计科目划分，才能把关系到阿米巴收入、支出的众多项目分门别类地呈现出来，才能让经营者清晰地掌握企业和各个经营单元的真实状况。

（3）培养经营型人才

企业导入阿米巴系统的重要目的之一，就是"不断培养具有经营意识的人才"。经营会计科目的合理设置，更便于阿米巴巴长掌握经营数据的意义，透过对数据的分析与运用，提高经营意识，锻炼经营能力，从而让企业涌现一个个经营型人才。

二、经营会计科目分类

虽然阿米巴经营会计科目的分类具有一定灵活性，企业可以根据自身需求来进行设计，但是如果要所有人都能够读懂，基础会计科目一定要从最容易理解的常识为出发点才行。所以阿米巴经营会计的基础科目，都是从"收入－支出＝利润"这种小学生都懂的原则开始，逐层深化的。也就是包括"收入"科目、"支出"科目和"利润"科目三大部分。

1. 收入科目分类

阿米巴在经营活动中，通过发生交易从内、外部客户处获取的货币金额，即为其收入。

经营会计科目中，一个阿米巴的收入科目可被细分为"外部收入"和"内部收入"两大部分。

（1）外部收入

外部收入科目计入的就是阿米巴经营单元通过经营活动从企业外部客户处获得的货币金额。例如：某企业阿米巴 A 把一批产品卖给企业的外部客户，获得 100 万元，则此 100 万元就要计入 A 的外部收入中。

（2）内部收入

内部收入科目计入的就是阿米巴经营单元在经营活动中，通过内部交易从内部客户处获得的货币金额。例如：某企业阿米巴 B 为本企业另一个阿米巴 C 提供了一批半成品，服务完成后 C 支付给 B 30 万元，则此 30 万元就要计入 B 的内部收入中。

还可以在内、外部收入的基础上按照客户类别、产品类别甚至团队类别、区域类别等继续细分。总之，以满足企业的数据分析和经营改善需要为准则。

2. 支出科目分类

阿米巴的支出科目可以分成两大类目：成本科目和费用科目。

（1）成本科目

经营活动中，构成产品或者服务的直接支出金额，就计入该阿米巴的成本科目中。

为了与收入科目相对应，成本科目也要细分为"外部成本"科目和"内部成本"科目。

产生外部收入所对应的成本就记入外部成本科目中。沿用以上例子，如果阿米巴 A 为了获得这 100 万元的收入，购买了 70 万元的材料，则此 70 万元就计入 A 的"外部成本"科目中。

对内部交易双方来说，一方的内部收入就等于另一方的内部成本。例如，在上例中，阿米巴 B、C 的交易事例中，在阿米巴 B 在自己报表中计入 30 万元的"内部收入"的同时，阿米巴 C 也要在自己的经营会计报表中的"内部成本"科目中计入 30 万元的金额。

（2）费用科目

阿米巴为实现收入所产生的间接性开支，就记入费用科目。费用科目是根据费用特性不同而命名的，可以细分为变动费用、固定费用和分摊费用。

变动费用，就是随收入变化而成正比例变化的费用。例如：企业生产用水／用电费用、人员的计件薪酬，这些费用都有共同的性质——生产的产品越多，相应此类费用就越大；反之就越小。这类费用就可以记入阿米巴经营会计报表的"变动费用"科目中。

相对于变动费用，固定费用就是不随收入变化而客观存在的费用。例如：企业经营所用的场地费用、设备折旧费用、固定人员薪酬。不管阿米巴的收入情况怎样，这些费用都是客观存在和相对固定的。这样的费用，就被记入"固定费用"科目中。

分摊费用是什么呢？阿米巴的内部交易体系中，主要交易模式有两种，一种是定价交易形式、另一种是打包分摊交易形式。如果所有的交易标的都进行定价交易的话，不但数据系统庞大，还会影响内部交易的效率，分散大家的工作重心，所以就把一些主流价值链之外的交易标的和一些不容易定价的交易标的，选择用打包分摊的形式来体现其内部交易关系。因此，分摊费用就产生了——其他阿米巴所产生的费用，需要分摊给本阿米巴承担的部分，就构成了本阿米巴的分摊费用。

与收入科目一样，成本科目和费用科目也可以在以上所列基础科目之上继续衍生更多的细分科目，以便于经营分析之用。

3.利润科目分类

阿米巴经营会计体系中的利润科目，通常细分成两个子科目：边际利润和净利润。

（1）边际利润

边际利润 = 总收入 − （总成本 + 总变动费用）。它用来反映一个阿米巴的现金流能力。因为对于一个阿米巴，其固定费用和分摊费用在一定时期内相对变化不大，所以边际利润与总收入的比值变大的情况下，证明该阿米巴的现金流增强了，反之变弱了。

（2）净利润

净利润是指阿米巴在一定时期内的经营最终成果。净利润 = 总收入 − 总支出。净利润代表的是阿米巴的盈利能力和经营结果。

4.其他科目的分类

根据企业经营分析的需要，阿米巴经营会计科目中还可以添加一些其他科目。例如：

① 税金：在内部定价交易中，某项产品或服务的交易税金会按一定规则划分给相关阿米巴承担，则这些阿米巴的经营会计报表中就要设置"税金"科目。

② 人效：即人员成本投资回报率。指阿米巴每投入一个单位金额的人工成本，得到的收益回报是多少单位金额。如：某阿米巴人效为"2"，则代表该阿米巴每投入1万元的人工成本，能给企业带来2万元的收益回报。人效是阿米巴人员薪资增加的重要参考指标。如果要考虑某阿米巴是否要进行薪资增加，

企业首先要确认该阿米巴的人效是否提高了。

在企业经营过程中,如有其他重要科目指标需要在报表中体现,可以根据情况灵活追加。

5. 从报表结构看科目

为了让读者更好地理解阿米巴各科目之间的关系,接下来,以阿米巴报表结构为基础,把以上科目的关系和释义汇编,如表 3-1 所示。

表 3-1　科目关系及释义

一级科目	二级科目	三级科目	科目释义
收入	外部收入	……	阿米巴对外部客户销售产品或服务获得的货币金额
	内部收入	……	阿米巴对内部客户销售产品或服务获得的货币金额
支出	成本	外部成本	产生外部收入所对应的直接支出
		内部成本	产生内部收入所对应的直接支出。内部交易时,卖方的内部收入对应买方的内部成本
	费用	变动费用	因收入的变化而变化,即与收入成比例变化的费用
		固定费用	不与收入成比例变化,而客观存在、相对固定的费用
		分摊费用	其他阿米巴产生的需要分摊给本阿米巴承担的费用
	税金		某项产品或服务的交易税金,需由本阿米巴承担的部分
利润	边际利润	——	总收入 - 总成本 - 总变动费用
	净利润		总收入 - 总支出
人效			净利润 / 人员总成本

纵向来看,阿米巴经营会计报表整体数据科目都是围绕"收入 - 支出 = 利润"这条小学生都明白的核算公式来展开设计的。

横向来看,阿米巴经营会计报表把科目分成"一级科目""二级科目""三级科目""四级科目"……这样,就能够把各阿米巴的第一手结构性经营数据清晰、直观地反映给经营者,为其正确决策提供条件。

三、四种核算形态的会计科目设计

在阿米巴组织划分时,将阿米巴核算形态划分为四种:预算型阿米巴、成本型阿米巴、利润型阿米巴、资本型阿米巴。因为经营会计科目要根据每个阿米巴的经营分析需求来进行设计,所以四种核算形态的阿米巴经营体的会计科目设计都有所区别。

1. 预算型阿米巴会计科目设计

因为预算型阿米巴的主要任务是为公司和各级阿米巴提供支持服务,公司对它的考核主要在于费用的控制程度和提供的工作是否有价值。一般情况下,企业不要求预算型阿米巴直接参与内部定价交易。所以,企业对预算型阿米巴的业绩考核就不会有收入和利润指标的要求,只要求它们能够运用合理的预算支出,向企业和内部各阿米巴提供更好的职能服务。因此,对于预算型阿米巴来说,它主要关注的经营核算指标就是维系自身运作所付出的各种支出数据。预算型阿米巴的会计科目主要以各种支出科目为主,总体上划分为变动费用和固定费用,具体如下:

变动费用:与本阿米巴向内、外部客户提供的产品/服务量级成比例变化的费用,就记入"变动费用"科目。

固定费用:本阿米巴维持运营所花费的费用中,相对固定的部分就记入"固定费用"科目。

费用合计:本阿米巴所花费的所有费用相加就是"费用合计"的数据。

科目形式如表 3-2 所示。

表 3-2 预算型阿米巴报表科目形式

一级科目	二级科目
变动费用	人员奖金
	邮寄费
	出差费
	招待费
	……
固定费用	计时人员工资
	福利费
	工作场地费用
	办公折旧
	……
费用合计	

2. 成本型阿米巴会计科目设计

成本型阿米巴的业绩考核设定方向是"考核其对自身运营成本控制的程度"。企业对其要求是,在保证质量和效率的基础上,运营成本越节约越好。

所以成本型阿米巴的经营，追求的就是其目标成本或标准成本的节约或利用。少花钱多办事，实际成本越节约，该阿米巴的经营业绩就越好。

所以成本型阿米巴的收入科目就是产品的目标成本或标准成本。支出科目和利润科目按基础分类形式记入，即可体现其经营情况。科目形式如表 3-3 所示。

表 3-3 成本型阿米巴报表科目形式

一级科目	二级科目	三级科目
收入	标准成本收入	……
	其他内部收入	……
支出	成本	外部成本
		内部成本
	费用	变动费用
		固定费用
		分摊费用
利润	边际利润	……
	净利润	……

接下来，以华米咨询服务过的一家企业为例，详细说明成本型阿米巴的会计科目设计。

本案为一家光学产品制造企业 B 公司的模具部阿米巴经营会计报表。

B 公司阿米巴组织架构如图 3-1。模具部为隶属于公司模具制造事业部的三级利润型阿米巴，是直接参与日常内部交易的最底层阿米巴。其主要职能定位是为产品制造事业部各三级利润巴提供生产所需模具。

（1）收入科目的设计

① 标准成本收入的设计。因为被设定为成本型阿米巴，所以模具部（以下简称模具巴）的主要收入就是为产品制造事业部各三级利润巴（以下简称产品巴）提供模具所获得的标准成本。该标准成本是 B 公司设计研发部在进行模具设计时计算出来，并通过财务部审核认定的标准成本金额。

所以，模具巴的标准成本收入就下设"模具标准成本收入"为三级科目。

当模具巴的某一批模具按要求制造完成，交付给产品巴后，就可以在"标准成本收入"科目中记入一笔收入金额；同时，产品巴要在内部成本中记入同样的一笔成本金额。这样两阿米巴之间的该笔交易正常完成。

另外，模具巴也向产品巴提供"修模服务"，该项服务占模具巴整体工作

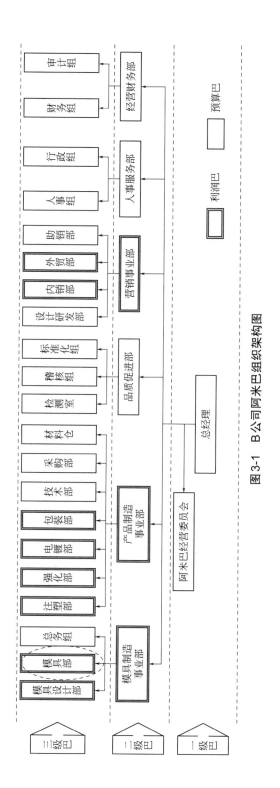

图3-1 B公司阿米巴组织架构图

第三章 阿米巴经营会计科目设计

量的 1/3 左右。所以作为模具巴的主要工作收入来源之一，"修模服务标准成本收入"也有必要编入三级科目。

② 其他内部收入的设计。经过内部交易关系梳理（具体内容在笔者另著《中国式阿米巴经营模式—企业操盘及落地系统》中有讲授），确认该阿米巴与其他部门的主要内部收入来源有"产品服务"和"劳务输出服务"项目，所以二级科目"内部收入"下就细分为"产品服务""劳务输出"两个三级收入科目。

（2）成本科目的设计

对于成本型阿米巴来讲，其主要的业绩改善途径就是经营成本和各种费用的节约。所以在成本型阿米巴的成本科目设计要尽量满足其精准分析的需要。

① 外部成本的设计

经过深入沟通，模具巴对外发生的直接成本主要是模具材料、各种外协加工服务的成本两大类。所以该科目下就细分为两个三级科目："模具材料成本"和"外协加工成本"。

模具材料成本，可以按照不同材料，主要分成"钢材"、"铜材""其他模具材料"三个四级科目，用来分析每种材料的耗用情况。

外协加工成本，按照加工工艺的不同，可以被细分为"CNC加工""电火花加工""线切割加工""其他外协加工"四个四级科目，用来分析不同加工工艺所消耗的成本金额。

② 内部成本的设计

在经营过程中，模具巴不但与外部供应商产生购买的关系，还会同企业内部其他阿米巴进行交易，购买其他阿米巴的产品或者服务。我们汇总如下几类主要的交易标的作为模具巴内部成本三级科目：

"试模服务"——其他阿米巴帮助模具巴试验其模具是否良好。

"模具加工服务"——在模具质保期内，其他阿米巴协助模具巴对瑕疵模具进行加工的服务。

"劳务输入服务"——其他阿米巴借调人员给模具巴使用，模具巴需要向其支付的人工费用。

以上就构成了基础的成本科目内容。

（3）费用科目的设计

① 变动费用的设计

随收入成比例变化的一系列费用都列入模具巴的变动费用。

包括"计件工资""奖金""电费""水费""维修费""物料消耗品"……

这些费用都是随模具巴产量的增加相应增加；一旦产量减少，相应发生减少的"强相关"的费用。

② 固定费用的设计

"设备折旧""场地费用""计时工资""员工福利"这些费用，都是模具巴正常运营必不可少的，但是与其产量增加或者减少没有多大变化的"弱相关"费用。就作为固定费用的三级细分科目呈现出来。

③ 分摊费用的设计

根据组织架构和内部服务关系，该部门要承担总经理、财务、人事、品质、模具事业部办公室、总务组的分摊费用。

这样，该阿米巴的经营会计基本科目就设计完成了，如表3-4所示。

表3-4 B公司模具部阿米巴报表科目形式

一级科目	二级科目	三级科目	四级科目
收入	标准成本收入	模具标准成本收入	
		修模服务标准成本收入	
	其他内部收入	产品收入	
		劳务输出服务	
支出成本	外部成本	模具材料成本	钢材
			铜材
			其他模具材料
		外协加工成本	CNC
			电火花
			线切割
			其他外协加工
	内部成本	试模服务	
		模具加工服务	
		劳务输入	
支出费用	变动费用	计件工资	
		奖金	
		电费	
		水费	
		维修费	
		物料消耗品	
边际利润（收入－成本－变动费用）			

续表

一级科目	二级科目	三级科目	四级科目
支出费用	固定费用	计时工资	
		场地费用	
		设备折旧	
		员工福利	
	巴外分摊	总经理	
		经营财务部	
		人事服务部	
		品质促进部	
	巴内分摊	模具制造事业部办公室	
		总务组	
净利润（收入－支出）			

3.利润型阿米巴会计科目设计

利润型阿米巴以考核其利润实现为导向，是既有收入、又有支出的自主经营程度较高的阿米巴。所以利润型阿米巴通过经营活动从内、外部客户那里获得的货币金额记入其收入科目。支出科目和利润科目只要按基础分类形式记入，就可以得出其经营盈利情况。科目形式如表 3-5 所示。

表 3-5　利润型阿米巴报表科目形式

一级科目	二级科目	三级科目
收入	外部收入	……
	内部收入	……
支出	成本	外部成本
		内部成本
	费用	变动费用
		固定费用
		分摊费用
利润	边际利润	……
	净利润	……

以下，以华米咨询服务过的一家企业为例，详细说明利润型阿米巴的会计科目设计。

本案为华米咨询服务过的一家油田服务企业 G 公司的营销事业部下属 CJ 业务部的阿米巴报表。

G 公司组织架构如图 3-2 所示，CJ 业务部为公司营销事业部下属三级利润型阿米巴，是直接参与内部交易的最底层利润巴，主要负责从客户处获取订单，按订单向公司外部客户提供 CJ 技术服务，交付给外部客户后获取经营利润。

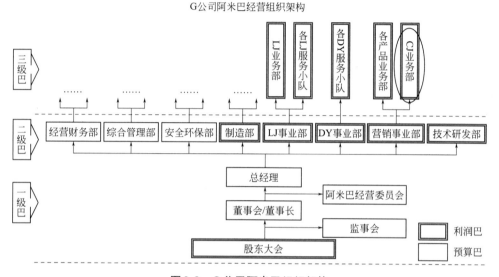

图 3-2　G 公司阿米巴组织架构

（1）收入科目的设计

① 外部收入的设计

外部收入主要有两大类：CJ 车辆租赁给客户所获取的收入，为客户提供技术服务所获取的收入。所以外部收入科目就可以细分为两个"三级科目"：CJ 车辆租赁服务收入，CJ 技术服务收入。

另外，对于两种服务收入，CJ 业务部有分析每个客户收入贡献额度的需要，所以，又分别细化为客户 1、客户 2、客户 3……

② 内部收入的设计

经过内部交易关系梳理，确认该阿米巴与其他部门的主要内部收入来源就是"劳务输出服务"，所以二级科目"内部收入"下就要细分为"劳务输出收入"三级科目。

（2）成本科目的设计

① 外部成本的设计

经过分析，CJ业务部对应外部收入的直接成本主要是"各类材料支出成本"和"委外检测费用成本"。所以该科目下就可以细分出两个三级科目：材料成本和委外检测费用成本

② 内部成本的设计

CJ业务部在经营过程中，与其他部门存在的交易有：技术研发部为其提供"技术支持服务"；制造部为其提供"产品检验服务"；其他阿米巴为其提供"劳务输出服务"。这些服务就构成了CJ业务部的内部成本三级科目。

（3）费用科目的设计

① 变动费用的设计

随销售收入成正比例变化的一系列费用，列入变动费用，如差旅费用、奖金、广告宣传费等。需要特别说明的是：

a. G公司的"广告宣传费"并非是公司年度预算定额支出，而是由营销各阿米巴根据业务拓展需要进行申请的。所以此处被归集为"变动费用"；如果某些公司的广告宣传费是公司年度预算要求定额支出的话，则应该被列为"固定费用"中。

b. CJ车辆各项费用是CJ业务部主要费用支出，为了让经营者清楚掌握经营细节，就针对性地把该项目细分四级科目，分别从"油费""维修费""其他费用"三方面详细记入，以便其进行经营改善分析。

② 固定费用的设计

不随销售收入成正比例变化，而固定存在的费用，记入此科目中。其中两个细分科目要特别说明：

CJ业务部的基本人员工资为计时工资，不随阿米巴收入变化而变化，所以属于固定费用科目；CJ车辆的固定费用包括其折旧费和保险费用，这些费用与CJ车辆的变动费用不同，每年基本不变，属于固定的支出，所以被放在固定费用细分科目中。

③ 分摊费用的设计

根据组织架构和内部服务关系，该部门要承担包括董事长、总经理、综合管理部、经营财务部、安全环保部、营销事业部办公室几个部门的分摊费用。

这样，该阿米巴的经营会计基本科目就设计完成，如表3-6所示。

4.资本型阿米巴会计科目设计

资本型阿米巴的基础会计科目，可以参照利润型阿米巴的格式。科目形式

表 3-6　G 公司 CJ 业务部阿米巴报表科目形式

科目一	科目二	科目三	科目四
收入	外部收入	CJ 车辆租赁服务收入	客户 1
			……
		CJ 技术服务收入	客户 1
			……
	内部收入	劳务输出服务收入	
支出成本	外部成本	材料成本	
		委外检测费用成本	
	内部成本	技术支持服务成本	
		产品检验服务成本	
		劳务输入服务成本	
支出费用	变动费用	差旅费用	
		人员奖金	
		招待费用	
		标书、资料装订费	
		CJ 车辆变动费用	油费
			维修费
			其他费用
		广告宣传费	
边际利润（收入－成本－变动费用）			
支出费用	固定费用	人员工资	
		人员福利费	
		CJ 车辆固定费	CJ 车辆折旧费用
			保险费
		场地费用	
	分摊费用	巴外分摊	董事长/总经理
			综合管理部
			经营财务部
			安全环保部
		巴内分摊	营销事业部
税金			
净利润（收入－支出－税金）			

见表 3-5。但是其中的收入科目中的细分类目中要增加各种投资收益，比如股权收益、理财收益等。

综上可见，同一企业的不同阿米巴的报表科目都是单独设计但又互相关联。所以在进行阿米巴会计科目初始设计时，熟悉企业经营数据的财务人员、熟悉该阿米巴业务的专业人员以及具有丰富阿米巴专业知识的咨询团队人员，要组成联合小组来共同推进该项工作。这样设计出来的会计科目才会更切合企业实际情况，能更好地被企业所接受和运用。

第三节
阿米巴会计科目的调整

因为阿米巴经营会计是用于企业和各阿米巴进行经营分析改善和数据应用的，它不拘于固定的形式，而是切合企业的实际需要。所以阿米巴经营会计科目并不是设定之后就一成不变，而是根据企业出现的不同情况变化可以进行灵活合理的调整。

一、会计科目调整的时机

1. 阿米巴裂变时的调整

当某阿米巴横向或者纵向裂变时，就产生一个或若干个新的阿米巴。这时候，交易标的随交易主体的变化而可能发生变化，会计科目也要随之进行调整。

2. 核算形态变化时的调整

根据公司经营的需要，当某阿米巴的核算形态发生变化时，内部交易定价结构就会发生变化，交易标的与交易主体也会随之发生变化。此时，相关阿米巴的经营报表会计科目也要随之调整。例如，某阿米巴 A 从预算巴变化为利润巴，其之前不参与内部定价交易，现在要参与内部定价交易，所以阿米巴 A 的核算报表中就要追加收入、成本、利润相关科目。与之关联的其他阿米巴，之前有该阿米巴相关的分摊费用，要相应调整为成本科目。

3. 核算层级变化时的调整

如某阿米巴在组织架构中的核算层级变化时，会引起其交易流程和科目级别的变化，这种情况下，会计科目也需要做相应的调整。例如，某企业 B 业务部之前为四级阿米巴核算，现在根据经营需要，调整为三级阿米巴核算，则其会计科目就要相应调整为三级科目的形式。

4. 业务发生改变时的调整

例如，某企业C部门，之前的主要业务是向D部门提供半成品。经过调整，现在其主要业务变更为向D部门提供"加工服务"。则之前C部门就会有直接的材料成本发生，收入科目是"半成品收入"；现在则变为赚取加工费，没有直接的材料成本发生，收入科目则要变为"加工服务收入"。

5. 战略发生变化时的调整

企业战略发生变化时，相应的会计科目必须要进行调整。例如，某企业最新战略要求"为增强企业抗风险能力，有目的地降低某产品单一客户依存度，大力开发新客户。"之前，相关阿米巴的收入科目没有按"客户"维度来细分会计科目，现在就需要追加"客户"维度的会计科目来呈现阿米巴经营对战略的执行情况。

6. 其他情况下的调整

例如：如果阿米巴组织架构发生变化而引起内部的成本结构发生变动，会计科目也要随之调整。

二、会计科目调整时的注意事项

1. 调整时要统筹兼顾

① 会计科目的调整需要由公司财务主管部门统筹进行。公司财务主管部门是公司账务管理的总负责，会计科目的调整必须由财务主管部门统筹进行。当某阿米巴的会计科目有调整的需求时，首先要与财务主管部门反馈，由财务主管部门核实情况后统一进行调整。

② 会计科目的调整需要知会上级阿米巴负责人。一个阿米巴的经营会计报表主要的阅读者就是本阿米巴人员和本阿米巴的直属上级阿米巴负责人。所以当会计科目调整时，一定要知会上级阿米巴负责人。

③ 会计科目调整时，要考虑数据提供方是否能够提供相应的数据。

2. 调整时要一一对应

一个企业内的各个阿米巴会计科目都是互相关联的，比如说某阿米巴的内部成本科目就对应另一个阿米巴的内部收入科目,所以当调整会计科目时,要同时对其相关的阿米巴相应科目协同调整,防止科目错位和数据错误发生。

3.调整后要数据完整

每个阿米巴就是一个小"公司",收入、支出、利润数据项目缺一不可。在会计科目调整时,一定要保证阿米巴数据的完整性,不能缺项,否则会影响到阿米巴的正常核算工作和真实的经营状况反映。

4.调整后要步调一致

当阿米巴会计科目调整后,一般由财务主管部门协调所有相关阿米巴一同进行新旧会计报表形式的切换,各阿米巴在记账时间和核算内容时保持同步。否则,容易造成数据系统的混乱,给经营核算带来错误。

总之,由于阿米巴经营会计报表需要各个阿米巴共同协作才能完成,每个阿米巴的数据都与它的内部供应商、内部客户、内部相关方、上级阿米巴高度相关,所以当阿米巴会计科目调整时,重点要考虑各阿米巴数据的匹配性和财务核算的可控性。

第四章
CHAPTER FOUR

阿米巴经营会计费用分摊

本章系统分析了传统管理模式下与阿米巴模式下的职能部门（预算巴）费用的处理方式。传统管理模式下，各部门无偿使用公司各项资源，节约资源意识不强，存在一定的浪费；财务只统计、核算各部门直接产生的各项成本、费用，而为其提供各项服务支撑的职能部门产生的费用并未分摊其中，造成各部门经营失真。阿米巴模式下，通过费用分摊让预算巴同非预算巴之间形成一种交易关系，将预算巴产生的费用打包分摊给受益的非预算巴，既能真实反映各阿米巴经营情况，又能激起组织中各部门和各经营单元的互相监督、配合与支持。

各项资源的有偿使用，促使了各阿米巴高效使用资源，实现投入产出最大化。预算巴的各项费用，要在遵循四大分摊原则的前提下进行分摊；各项费用科目的分摊标准，由财务部门牵头组织非预算巴进行讨论、确认，并根据企业经营发展和情况变化及时调整，以确保费用分摊的公平性、合理性和可操作性。费用分摊在企业的有效实施，可以发挥其减少内耗、降低成本和提高效益的作用。

第一节
费用分摊的原因和作用

在阿米巴会计科目中，费用分为固定费用、变动费用和分摊费用，其中固定费用、变动费用是本阿米巴实际发生的费用，而分摊费用则是指其他阿米巴发生由本阿米巴承担的费用。

那么，为什么要进行费用分摊，费用分摊究竟有什么作用？我们通过以下分析来回答这两个问题。

一、费用分摊的原因

1.有效利用成本

传统企业管理模式下，各部门使用公司资源是无须付费的。在此情况下，大家都不会关注本部门资源利用率，更不会关注关联职能部门使用公司资源情况，如职能部门人员配置、费用开支等。阿米巴经营模式下，各阿米巴自主运营、独立核算：预算巴不以产生利润为导向，而是以"打包购买"的方式向非预算巴"出售"本巴的产品或服务，支持非预算巴的各项生产经营活动；非预算巴有偿使用预算巴提供的产品或服务，承担预算巴的人员工资及各项费用开支。如此，二者就形成了一种交易关系，就会彼此关心对方的成本和价值。

预算巴作为卖方，其人工成本及各项费用会变为买方利润巴的成本，其工作过程和工作价值将会受到买方的监督和质询，这样一来，预算巴的人员配置和费用使用必定会更加合理。

非预算巴花钱购买预算巴的各项产品及服务，较之前免费获取各项产品或服务的心态是不同的，会更加关注预算巴提供的产品或服务质量，同时会更加高效利用购买进来的各项产品或服务。

2.让经营回归真实

传统模式下，公司财务仅对组织各单位、部门自身直接产生的相关成本、费用进行统计、核算，而关联部门为其提供相关产品或服务所产生的费用和成本并未统计其中，有的公司甚至董事长（老板）都不拿工资，凭空漏掉一笔费用没有计入成本。这样一来，就无法反映各单位、部门的真实经营情况。阿米巴经营模式下，只要参与到公司经营活动中来的所有人员都有费用支出，并通过费用分摊将预算巴（职能部门和董事长）提供的各项产品或服务所产生的成本和费用分摊计入受益的各经营单元，真实地反映出各阿米巴实际经营情况，让经营回归真实。

二、费用分摊的作用

费用分摊是一种定价形式，也是一种传递市场压力的方式。非预算巴"打包购买"预算巴提供的产品和服务，从而使二者的利益相关，由此一来，通过费用分摊就能起到以下作用。

1.形成客户关系

阿米巴模式下，非预算巴向预算巴"打包购买"各项产品或服务，即预算巴为非预算巴提供相关产品或服务所产生的人员工资、奖金及其他费用开支都由非预算巴来承担，而不再由公司买单。二者之间形成了一种交易关系即客户关系。此时，预算巴人员的角色定位就会由过去的"官老爷"转变为"服务者"，变"管控"为"服务"，更快、更好地响应非预算巴的需求。

2.投入产出最大化

由于预算巴为非预算巴提供的产品或服务是有偿的，非预算巴必定会关注预算巴的各项费用开支以及提供的产品或服务是否充分满足其所需，质询预算巴工作完成情况；同时高效使用分摊购买的相关产品和服务，使其价值最大化。这就和我们日常生活一样：朋友送自己一部手机，如果手机有点瑕疵，自己可能也不会在意，平常使用的时候可能也不会特别珍惜，因为在自己心里一直认为手机是免费送的，不是自己花钱买的；但是如果自己花钱买的话，肯定要关注手机价格、手机是否完好、是否方便使用等，平时用的时候也会小心翼翼，特别爱惜自己的手机。在企业，各经营单元亦是如此，一旦形成交易关系，内部提供的各项产品和服务有偿使用，各阿米巴就会合理采购、高效使用各项产品和服务，使其投入产出最大化。

第二节
费用分摊的形式

阿米巴模式下，预算巴与非预算巴形成客户关系有二种方式：一是非预算巴直接通过定价购买预算巴的服务；二是预算巴的费用打包分摊到非预算巴。为了统计和核算方便，阿米巴经营核算时一般采用打包分摊的方式来形成预算巴与非预算巴之间的客户关系。要清楚预算巴产生的费用如何打包分摊到非预算巴，我们先要弄清楚阿米巴经营费用分摊的二种形式。

阿米巴组织中费用分摊的形式分为二种：一是巴内分摊；二是巴外分摊。下面我们对两种分摊形式进行详述。

一、巴内费用分摊

1.巴内分摊定义

顾名思义，巴内是指本巴以内。广义概念是指本巴以内的预算巴或除公司一级巴以外的本巴直属上级巴所属的与本巴有交易关系（或工作关系）各预算巴。在阿米巴经营会计核算中，用的是广义概念。

按广义的巴内概念，巴内分摊定义为：所有本巴以内的预算巴或除公司一级巴以外的本巴直属上级巴所属的与本巴有交易关系（或工作关系）各预算巴的费用分摊称为巴内费用分摊。

2.巴内分摊明析

我们还用本书第二章所列举的华米咨询服务的某公司（以下简称 H 公司）为例，来分析巴内费用分摊的具体操作。

图 4-1 是 H 公司的阿米巴组织架构，左侧为各经营单元（各阿米巴）对应的核算层级，右侧为各具体经营单元。我们选择其中一个利润巴——模具车间为例分析巴内费用分摊的操作。

根据以上对巴内费用分摊的定义，模具车间直属于制造事业部二级巴，制造事业部所属而且服务于模具车间的各预算巴为："制造事业部二级巴办公室、维修车间、计划部、采购部、品质促进部"。因此，模具车间巴内费用分摊来源为 H 公司的"制造事业部二级巴办公室、维修车间、计划部、采购部、品质促进部"五个部门。这五个部门的费用分摊到模具车间，即为模具车间的巴内费用分摊。

二、巴外费用分摊

1.巴外分摊定义

顾名思义，巴外是指本巴以外。广义概念是指本巴以外的非本巴直属上级

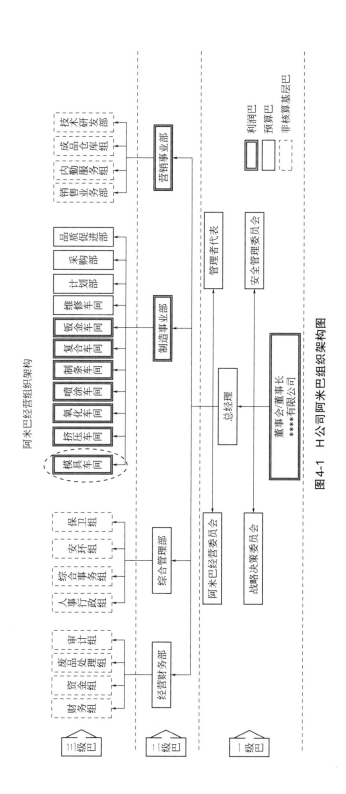

图4-1 H公司阿米巴组架构构图

第四章 阿米巴经营会计费用分摊

巴所属的与本巴有交易关系（或工作关系）各预算巴。在阿米巴经营会计核算中，用的是广义概念。

按广义的巴外概念，巴外分摊定义为：所有本巴以外的非本巴直属上级巴所属的与本巴有交易关系（或工作关系）各预算巴的费用分摊称为巴外费用分摊。

2. 巴外分摊明析

根据以上对巴外费用分摊的定义，结合上述 H 公司的阿米巴组织架构图（图 4-1），制造事业部以外而且服务于模具车间的各预算巴为："公司董事会办公室、总经理办公室、经营财务部、综合管理部"。因此，模具车间的巴外费用分摊来源为 H 公司的"董事会办公室、总经理办公室、经营财务部、综合管理部"四个部门。这四个部门的费用分摊到模具车间，即为模具车间的巴外费用分摊。

第三节
费用分摊方法

费用分摊是一项重要工作，分摊时要确保分摊的公平性和正确性，否则就可能对各阿米巴经营造成负面影响，这种影响表现为以下几个方面：

① 造成各阿米巴实际应该承担的分摊费用失真，进而影响各阿米巴真实的利润，不能真实地反映各阿米巴经营状况，为经营者提供有效的分析数据和数据应用；

② 费用分摊不合理，最终影响到员工的直接利益，导致员工的负面情绪而使阿米巴经营无法正常推行；

③ 费用分摊不合理，会造成一定的内耗。如果费用分摊出现不公平合理的情况，容易引起阿米巴成员对分摊费用的怨言和抗拒，消极怠慢工作，造成组织内耗。

因此费用分摊一定要公平合理，否则就会造成内耗，最终可能导致费用分摊"流产"无效。

为了规避费用分摊不合理的情况，在阿米巴经营核算中，费用分摊要从分摊原则和分摊标准两个方面进行规范，确保费用分摊的公平性、合理性、实操性。

一、分摊原则

为使费用分摊公平、合理和规范，阿米巴经营进行费用分摊时要遵循以下四项原则。

1.受益承担原则

受益承担原则指的是"谁受益,谁承担"。分摊费用是指服务于某一非预算巴的预算巴产生的需要该非预算巴承担的费用。对于某一非预算巴来说,并不是所有预算巴的费用都需要承担,而是为其提供服务、使其从中受益的预算巴产生的费用才需要承担。比如:在一个阿米巴组织中,有预算巴 A 和 B,非预算巴 C,其中 A 巴为 C 巴提供人才招聘、员工培训等服务,B 巴和 C 巴没有任何业务关联,那么按照"谁受益,谁承担"的原则,C 巴需要承担 A 巴产生的费用,不用承担 B 巴产生的费用。在讨论费用分摊过程中,一定要把握"谁受益,谁承担"的原则,切勿出现"未受益,仍买单"或者"已受益,不买单"的现象,以免影响费用分摊的公平性、合理性。

2.使用付费原则

使用付费原则指的是"谁使用,谁付费"。在企业日常运营过程中,存在一些公共资源由好几个部门共同使用,那么产生的费用就应该由资源使用部门共同支付,即按"谁使用,谁付费",不能搞"一视同仁"。否则,就可能造成以下不良后果:

① 造成资源浪费严重。如果所有费用不管是否使用都需要各部门共同承担,那么资源使用部门就会因为不需要其一个部门承担费用,而出现多用资源和浪费资源现象;未使用资源的部门会感觉不公平,而出现原本不需要使用的资源,还在浪费使用。

② 不能真实反映各部门的成本费用。如果费用不按使用部门分开计费、统计,而是所有部门进行分摊,那么就会造成不该承担的承担了、该承担的少承担了,使得各部门的实际成本、费用失真,丧失了数据所起的作用。

比如,公司某一栋办公楼产生的水电费要进行分摊,那么就应该遵循"谁使用,谁付费"原则,由在该办公楼办公的各部门来分摊,其他部门无需承担分摊。

3.分摊到最底层原则

分摊到最底层原则指的是"把费用分摊到最底层利润巴"。各级预算巴产生的费用要分摊到其所服务的最底层非预算巴。在阿米巴组织中,最底层非预算巴是交易主体,与其关联的其他各级巴均为其提供服务,相应地,这些巴产生的费用也要分摊给该最底层非预算巴。此外，在阿米巴运营体系中，最底层非预算巴进行基础经营报表的编制，其他层级阿米巴仅做其所属下一级阿米巴的合并报表，因此如果费用未分摊到最底层，就不能真实地反映各非预算巴的成本，势必影响经营数据的正确性。

根据分摊到最底层原则，结合上述 H 公司的阿米巴组织架构图 4-1，该公司所有预算巴为模具车间、挤压车间、氧化车间、喷涂车间、制条车间、复合车间、钣金车间、营销事业部等最底层非预算巴提供各项服务，辅助最底层非预算巴完成各项经营活动。因此，H 公司所有预算巴的费用要对应分摊到上述各最底层非预算巴。编制公司的经营报表时，最底层非预算巴——模具车间、挤压车间、氧化车间、喷涂车间、制条车间、复合车间、钣金车间、营销事业部编制本巴经营报表；各预算巴做本巴的经费日报表，为最底层非预算巴费用分摊提供数据；制造事业部做模具车间、挤压车间、氧化车间、喷涂车间、制条车间、复合车间、钣金车间的合并报表；H 公司做制造事业部和营销事业部的合并报表。以上就是各级报表的编制程序，如果费用未分摊到最底层非预算巴，那么做公司合并报表时，就会造成数据不完整，影响报表的准确性。

4.分总和相等原则

分总和相等原则指的是"各阿米巴分摊费用之和必须等于待分摊的总费用"。在分摊过程中，某一预算巴产生的费用如果同时分摊给多个非预算巴，那么该预算巴实际产生的费用必须等于这些非预算巴所分摊的费用之和，不能因为费用分摊而发生数值变化：增多或者减少。结合图 4-1 组织架构来讲，如果制造事业部办公室某一个月分摊给其所服务的最底层非预算巴——模具车间、挤压车间、氧化车间、喷涂车间、制条车间、复合车间、钣金车间的总费用为 10 万元，那么模具车间、挤压车间、氧化车间、喷涂车间、制条车间、复合车间、钣金车间所承担的分摊费用之和必须等于 10 万元，否则就需要检查报表，看哪个巴分摊费用统计错误并修改，确保最终各最底层非预算巴分摊费用之和等于 10 万元。

二、分摊标准

费用分摊是在遵循上述四项原则的前提下进行，虽然确保了费用分摊的公平性和合理性，但是每个最底层利润型阿米巴究竟分摊多少还需要量化。所以，接下来我们需要确定费用分摊标准。所谓分摊标准，是指费用分摊时可以用来计算具体金额的统一度量方法。一般情况下，费用分摊的度量方法都按照一定的比例来计算每个巴的具体分摊金额，如：人数比例、营收比例、利润比例、资源配置比例、实际使用比例等。最终按照何种大小的比例分摊，则要根据某一分摊费用的作用和性质来确定，不同分摊费用其来源和所产生的作用是不同的。

1.公共费用分摊标准

在日常运营过程中，公司存在一些公共费用需要分摊，如：

① 公司的社保费。该项费用以公司当月在册人数为基础进行核算，一般由人事部门统一缴纳，最后归集统计在人事部门。那么在进行社保费的分摊时就可以按照各阿米巴当月在册人数的工资占比分摊。

② 公司的水电费。如果各使用部门都装有水电表，那么水电费就可以直接按照实际使用量化分摊。如果未装水电表，对于职能部门来说就可以按照各阿米巴人数比例分摊，因为人数越多的巴，相对来说使用的水电也越多；对于生产部门来说，按照各阿米巴人数比例分摊就不一定合理了，我们可以按照产值也就是收入来分摊。因为收入越高的巴，相对来说使用的水电应该也越多，承担的水电费也应该越多。

③ 公司的网络费。公司进行联网办公，肯定会产生网络费，那么这部分费用则可以按照资源配置（各阿米巴分配的 PC 接口）比例分摊。因为网络费是根据网络流量计费，那么 PC 接口越多，一般情况下，使用网络流量也越多，分摊的网络费应该就越多。

总之，公共费用的分摊标准要结合具体会计科目和各阿米巴使用情况，在遵循四项分摊原则的前提下进行讨论、确定。

2.资产场地分摊标准

各阿米巴自主经营过程中，要使用公司的各项物资资产、场地资源，那么这些费用如何分摊呢？一般情况下，按照各阿米巴资源配置来进行分摊，具体由财务部门和行政部门牵头、各阿米巴参与，对各阿米巴所配置使用的各类物资资产、场地资源进行盘点，然后按照折旧费或者租金计算金额进行分摊。

3.其他费用分摊标准

其他各类费用，我们可以参照人数比例、营收比例、利润比例、资源配置比例、实际使用比例等来进行分摊，具体分摊标准依据费用分摊四项原则和会计科目进行确定。如：公司营业税可以根据各阿米巴营收比例分摊；预算巴的人工成本可以根据分摊巴的利润比例进行分摊；公司电话费可以按照各阿米巴实际使用比例进行分摊；董事长差旅费可以按照分得清受益人的由受益巴承担，分不清受益人的由非预算巴按收入比例进行分摊等。

4. 分摊注意事项

费用分摊标准没有对错之分，只有合理与否，分摊方都认可且能执行的标准就是最好的标准。此外，在讨论费用分摊标准时有几个细节要注意：

① 费用分摊没有一个放之四海而皆准的标准，同一项费用科目，不同的企业会有不同的分摊标准。比如企业营业税的分摊标准可以按照营收比例也可以按照利润比例分摊，这两者都可以，只要分摊各方一致认可就行。

② 制定费用分摊标准一定要细化，针对会计科目逐一讨论、确认；不能图省事，只是将预算巴费用整体打包用一个标准进行分摊，这样的话就太粗放了，不能真实反映各阿米巴实际应分摊费用，进而影响各阿米巴实际经营效果。

③ 制定会计科目的费用分摊标准时一定要表述精准，便于实操。比如：公司的社保费用按照各阿米巴人数占比分摊，那么在计算各阿米巴具体分摊金额时，各阿米巴人数到底是按照年初人数、月初人数、月底人数还是定员人数来取数，需要弄清楚。因此，制定各项会计科目分摊标准时一定要表述精准，否则计算时就不知如何取数。

我们仍以上述 H 公司为例，对费用分摊标准做进一步的分析。对应 H 公司阿米巴组织架构图 4-1，以下是 H 公司制造事业部各三级利润巴的费用分摊标准，见表 4-1 示例。

从表 4-1 的示例可以看出，阿米巴费用分摊标准主要包括以下几个部分的内容：

① 分摊费用来源即费用分摊形式：巴内费用分摊、巴外费用分摊；

② 产生费用的发生方和承担费用的分摊方；

③ 费用发生方的具体会计科目（含计量依据）以及同会计科目一一对应的分摊标准；

④ 费用结算的计量依据；

⑤ 费用分摊标准的参照标的和计算比例。

以上五项内容是构成阿米巴费用分摊标准的重要组成部分。费用分摊标准是各阿米巴在执行费用分摊时的共同准则，它将费用分摊如何实施做了明确的规定，便于各阿米巴进行费用分摊实操。

表 4-1　阿米巴费用分摊标准示例

分摊来源	发生巴	分摊巴	分摊科目	计量依据	分摊标准
巴外分摊	综合管理部 / 经营财务部（含董事长 / 总经理费用）	模具车间 / 挤压车间 / 氧化车间 / 喷涂车间 / 复合车间 / 制条车间 / 钣金车间	办公费	办公用品出库单	按各阿米巴实际利润占比分摊
			通讯费		按各阿米巴实际利润占比分摊
			安全支出	发票	分得清责任则由责任巴承担；分不清责任则按各阿米巴上月底考勤人数占比分摊
			维稳支出		按各阿米巴上月底考勤人数分摊
			…	…	…
巴内分摊	制造事业部办公室 / 计划部 / 采购部 / 品质促进部 / 维修车间	模具车间 / 挤压车间 / 氧化车间 / 喷涂车间 / 复合车间 / 制条车间 / 钣金车间	差旅费用	发票	分得清受益巴，该巴承担；其余按实际利润占比分摊
			人员奖金	奖金分配表	按各阿米巴实际利润占比分摊
			招待费用	发票	分得清受益巴，该巴承担；其余按实际利润占比分摊
			…	…	…

第四节　费用分摊确认及调整

一、费用分摊标准确认

1.分摊标准制定者

费用分摊标准的制定不是公司或者某一个巴来完成的，而是由财务部门牵头组织所有预算巴（分摊费用发生巴）和非预算巴（费用分摊巴）的巴长集中在一起针对费用发生巴的所有费用科目逐一讨论、确定，形成费用分摊标准。传统管理模式下，公司的各项规章制度都是由职能部门制定，其他部门执行，制定这些规章制度的出发点是为了便于管理，是站在如何实施管控的角度去考虑，而较少考虑执行部门是否认同、是否可行，最终，形成一种执行部门未参与制定、被动执行的规章制度，可想而知，这些规章制度执行起来容易打折扣。阿米巴经营模式下，所有运行规则都是由公司牵头，各执行部门和各阿米巴共同参与制定，非常切合实际，同时又是大家共同的心声，这样就更有针对性和实操性，大家共同制定的制度和规则，更接地气，执行起来各部门更容易接受，不会有抵触情绪。

2. 分摊标准确认者

阿米巴经营模式下，充分发挥巴长自主经营的能动性，让巴长参与到各项经营活动中，体现出很强的民主性，所有和各阿米巴内部交易相关的规则、制度讨论成形后，均由各阿米巴巴长相互确认，大家一致同意并签字认可后，由公司批准实施。一般情况下，各阿米巴制定内部交易相关的规则、制度时，公司层面很少介入进行干预，只是在双方出现分歧的情况下，由阿米巴经营委员会进行协调或仲裁。这样一来就形成了闭环：本经营周期——讨论方案——形成方案——各方确认——批准实施——实施改进——下一个经营周期。各费用分摊巴是费用分摊标准的具体实施者，所以这些巴参与标准制定后，还需共同签字确认，然后报阿米巴经营委员会审批实施。

二、费用分摊标准调整

费用分摊标准是费用分摊操作时的执行标准，具有一定的系统性和联结性，如果其中个别巴不按照标准执行，那么最终就会出现预算巴实际分摊费用与各阿米巴承担分摊费用之和不等的现象，造成数据错误，让数据失去统计意义。因此，费用分摊标准签字确认后，各阿米巴要严格执行，如需调整，则需一个经营期满（一般是一个季度），据实际运营情况由公司财务部组织所有费用分摊巴进行调整，各阿米巴不得擅自调整。

1. 分摊调整时机

费用分摊标准需要调整的情况主要有以下几种。

（1）阿米巴组织架构发生裂变时

在企业的经营发展过程中，阿米巴组织架构为了更好适应市场变化和企业经营需要，会发生裂变。当费用发生巴或者费用分摊巴被整合或拆分时，原来的费用发生巴或者费用分摊巴就发生了变化，原有的分摊标准就不能适用于新的组织架构了，此时就需要进行调整。

（2）费用发生巴会计科目出现调整时

费用发生巴根据本巴的经营需要对会计科目做出调整时，可能增加或合并一些会计科目，那么此时就需要调整原有的费用分摊标准，补充或删除相应的会计科目分摊标准。

（3）现有费用分摊比例不合理时

经过一个经营周期的数据测试，发现通过之前的经营数据测试出的分摊比例不合理，那么就需要调整原有的分摊标准，使用本经营周期的数据测试新的分摊比例。

（4）公司战略调整对费用产生影响时

公司战略调整对费用产生影响时，该项费用之前的分摊标准就不适用了，此时就需要调整原来的费用分摊标准。如：公司战略决定加大研发经费投入，研发部门的研发费用肯定大幅增加，此时，研发费就不能执行原来全部进行分摊的标准，而是将公司战略性研发费用单列计入公司不分摊，其余研发费进行分摊。

出现上述任何一种情况时，均可以进行分摊标准的调整。

2.分摊调整程序

费用分摊标准的实施是一个系统性的工程，关联了各费用发生巴和费用分摊巴，因此费用分摊标准的调整不得随意进行，要严格按照一定的调整程序实施。调整后的分摊标准将在下一经营期使用；本经营期将维持原有的分摊标准，不按照新分摊标准进行数据回调。

费用分摊标准调整程序如图 4-2 所示。

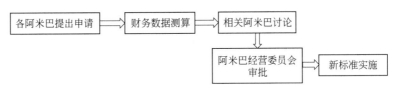

图4-2　费用分摊标准调整程序

第五节
费用分摊对阿米巴经营的影响

阿米巴经营模式下，通过费用分摊的实施，职能部门和业务部门建立起一种和市场接轨的客户关系，双方的角色发生了转换，对阿米巴经营有着非常积极的影响。

一、对预算巴的影响

传统组织模式下，职能部门（预算巴）为了更好地履行公司赋予的管理职能，制定各项规章制度和配套的考核措施，监督业务部门执行，对于业务部门的违规行为更多的是进行考核纠正，维护其管理的威严性，而很少考虑其工作是否真正对业务部门有帮助、有价值、有促进业务发展的作用。阿米巴经营模式下，预算巴角色定位发生变化，其作为卖方为非预算巴提供各项产品或服务。这种买卖关系的形成，势必导致其工作价值和服务水平会受到被服务巴的重视和监督，进而促进预算巴的工作意识、人工效率、服务评价、资源使用等都会发生变化。阿米巴模式对预算巴带来的转变如表 4-2 所示。

表 4-2 阿米巴模式下预算巴的转变

预算巴转变事项	过去	现在
工作意识	比较官老爷	自觉主动
服务评价	高层评价为主	被服务部门评价
费用使用	预算不够用	尽量减少费用
人工效率	工作效率低	注重工作质量，精准服务

二、对非预算巴的影响

传统管理模式下，业务部门是在各种考核措施下，努力完成目标，被动执行制度，对公司或各部门存在的问题一般是事不关己，"怕得罪人，做老好人"成为常态。但阿米巴经营模式下，非预算巴与预算巴通过费用分摊形成了买卖关系，预算巴的工作价值体现在对非预算巴的辅佐与支持的意义上，预算巴的工资报酬与非预算巴完成经营目标相关。由于过去由公司为预算巴支出的成本变为了由非预算巴为预算巴支出成本，非预算巴势必会对预算巴的工作更为关心、关注。预算巴的每一项费用开支和每一项工作结果都会受到非预算巴的审视和监督，"不怕得罪人，不做老好人"就会成为常态。阿米巴模式对非预算巴带来的转变如表 4-3 所示。

表 4-3 阿米巴模式下非预算巴的转变

非预算巴转变事项	过去	现在
对预算巴工作能力的关注	能力大小与自己无关	关注人员素质与能力适应性
对预算巴工作价值的关注	完成任务就行，适当跟进	主动提要求，对其工作进行质询
对预算巴费用开支的关注	费用开支是公司的事，无关紧要	主动监督，要求费用最小化

第五章
CHAPTER FIVE

阿米巴经营会计内部交易定价

定价即经营，只有通过交易定价才能让各部门真正参与到企业经营的价值创造与价值传递活动中来，实现真正意义上的全员参与式经营。阿米巴经营模式下，各阿米巴独立核算，形成交易关系，内部交易定价才有实际意义。

内部交易定价一般有六种方法，分别是：双方面议法、市场参照法、工时折算法、成本推算法、价值分割法、综合计算法。具体定价法的选用需要结合企业经营实际，依据交易标的、交易频率、交易金额，并通过科学的计算来确定。

内部各项交易标的定价要随着企业经营情况的变化而进行调整，调整的时机和量级要与企业经营发生的变化一致，以确保交易定价的公平合理和准确适用，进而使阿米巴经营与市场接轨、向内传递压力，促进各阿米巴内部交易的活跃，快速响应客户需求，从市场获取更多收入。

将外部市场机制引入到企业内部，从传统管理向销售要利润转变成向企业内部价值链各环节要利润，是推行阿米巴经营模式的一项核心目的。只要阿米巴之间存在中间品或资源交换，就需要度量阿米巴创造的价值，而度量阿米巴价值的关键媒介就是内部交易价格。交易定价是阿米巴运行非常关键的环节，它是企业内部市场化的必要条件，也是组织实现从交付到交易转型的基础条件。

第一节
定价与经营

稻盛和夫先生根据自己多年经营企业的实践，总结出了经营十二条，以此作为行动纲领创建了京瓷和 KDDI 两家世界 500 强企业，并帮助濒临破产的日航重回世界 500 强。"定价即经营"是经营十二条中非常重要的一条，它一针见血地指出定价对经营的重要性。在中国式阿米巴经营系统中，交易定价追求严谨和准确，其重要性主要反映在以下几个方面。

一、价格是价值的标尺

交易价格是商品同货币交换比例的指数，或者说是价值的货币表现。要客观评价经营单元（阿米巴）的业绩，不仅要考察其创造的利润增量，审视今天比昨天有没有进步，同时，还要考察其创造的利润总量，审视和外部比较有没有竞争力。例如，某个经营单元（阿米巴）今年虽然从去年亏损 10 块钱减少到亏损 7 块钱，少亏了 3 块钱，但创造的价值量却还是负的 7 块钱。如果外部同行能做到盈利 5 块钱，站在企业整体利益的角度，这个经营单元（阿米巴）虽有进步，但仍在继续摧毁企业价值。

对阿米巴利润的考核，交易价格起到标尺作用。要准确评估经营单元的利润贡献，做出正确的经营决策，内部交易价格的制定就要做到严谨、公平、准确。因国情和文化不同，我们在中国企业进行阿米巴经营，就不能像日本京瓷一样，阿米巴经营体系中靠上下游间讨价还价和协商，博弈出掺杂过多人为因素的、模糊的内部价格，把阿米巴的经营简单地归为"今天比昨天有没有进步"。在中国企业推行阿米巴经营，必须结合企业实际，尽量采用定量的方法进行交易定价。

二、内部交易定价的成因

内部交易定价所指的"定价"不是传统意义的对外销售各项产品或服务的定价,而是阿米巴经营模式下特有的企业内部各经营单元之间交换产品或服务的一种定价。通过阿米巴组织划分,将企业划小为一个个经营单元(阿米巴),各阿米巴自主经营、独立核算,在企业内部运行过程中,形成一种将外部市场压力引入到组织内部的交易关系,让各经营单元(阿米巴)都能直面市场、感受市场,把思想和智慧都融入到企业经营中。既然是交易,就必须有价格;既然是独立核算,就必须有价值。因此,内部交易定价产生于阿米巴经营模式自主经营、独立核算的需要,满足各经营体(阿米巴)围绕共同目标进行价值创造与价值核算的条件。

三、内部交易定价的作用

企业的经营目的是为了创造利润,企业的各个经营单元同样也必须围绕创造利润开展各项经营活动。企业创造的利润,我们通过销售收入减去各项支出可以计算出来,但是各个经营单元创造的利润又如何计算呢?是不是也用收入减去支出进行计算?这样的话,各个经营单元的收入、成本支出又怎么计算呢?这时,就需要找到计算收入和支出的基础,交易价格就是建立这样一个基础,它可以使各阿米巴完成收入和支出的计算,并对阿米巴经营起着举足轻重的作用。

1.为各经营单元的独立核算提供价格支撑

价格是价值的货币表现,只有通过内部交易定价使各阿米巴之间交易的产品或服务有了价格,才能准确计算各经营单元创造的价值,为各阿米巴的独立核算提供价格支撑。传统模式下,公司是一个整体经营单元,内部不存在交易定价,财务会计仅能通过"数量 × 时间"来核算出每个部门的工作量;阿米巴经营模式下,通过内部交易定价,得到每项产品或服务的单价,用"数量 × 时间 × 单价"就能准确核算出每个部门创造的价值。

2.为公司年度经营目标分解提供数据支撑

传统模式下,公司的年度经营目标无法分解到各部门,仅能针对各部门进行KPI考核,没有真正做到量化考核。阿米巴经营模式下,通过内部交易定价,能准确计算出各经营单元的销售收入所占比例。根据各经营单元的收入占比,将公司年度经营目标对应分解到各经营单元,真正实现数字经营、量化考核。所以交易定价为公司年度经营目标分解提供了数据支撑。

3.向企业内部传递市场压力

阿米巴经营模式下,通过内部交易定价,各经营单元共同创造销售收入。以往,只有销售人员的收入和销售业绩挂钩,其他人员和销售业绩关联不大,这种情况下,只有销售人员主动关注市场、去感受市场的冷暖,其他人员则是漠不关心,对市场感知较少。如今,公司产品或者服务的销量或者价格出现任何波动,各经营单元都能很直观地感知到;市场压力通过内部交易定价层层传递给各经营单元,各经营单元为了获取更多的收入,势必快速响应市场需求,满足客户所需。

4.提高资源的使用效率

通过阿米巴内部交易定价,引导各阿米巴建立了完整的成本概念和全面的效益观,强化了各阿米巴内部资源的有偿使用意识,为解决内部资源的有效分配提供了一个重要的管理手段。同时,也能够引导阿米巴提出更加合理的资源需求,减少内部资源浪费,使真正需要资源的阿米巴和经营业务得到保障,从而提高资源的使用效率。

第二节
内部交易定价的基础条件

内部交易定价对建立内部市场化的企业管理机制有着重要的意义,交易的重要环节也在于定价。那么,如何才能形成内部交易定价,它需要哪些基础条件呢?

一、独立核算职能

传统管理模式下,大多是"吃大锅饭"的组织体系,核算只是反映公司的总体经营结果,未能起到促进员工工作积极性和提高利润的作用。因为收入和利润都是公司打包核算的,各部门无须为利润承担责任,所以不存在内部交易定价。但在阿米巴模式下,企业划小为一个个经营单元,各经营单元进行独立核算。这种独立核算的作用主要体现在充分调动员工积极性和促进员工的创造力上，也就是说只有进行独立核算时，内部交易定价才会产生实际的意义。

二、形成交易关系

没有交易，定价就没有意义。传统的组织架构下，各部门之间是一种交付关系，每个部门根据自己的职能分工完成任务然后交付给关联部门，二者之间不存在交易、没有利益关系，自然而然就无须进行内部交易定价。在阿米巴模式下，各阿米巴之间形成一种交易关系，不再是以往的交付行为——一方将产品或服务交给需方即可，而是一种买卖行为——一方将产品或服务卖给需方。这就为内部交易定价建立了一种市场化的价值链基础，使内部交易定价更具有现实价值。

三、数据基础完善

阿米巴经营模式是以数据管理为基础，数据可以使得复杂的问题变得简单明了。在进行阿米巴内部交易定价时，需要进行成本和费用的测算，还需要进行价值流程的分析。企业价值链各环节的数据基础是否完善和准确，会直接影响到内部交易定价的时效性和准确性。当企业数据粗放时，交易定价就没法细分，进而导致经营核算没法细分；当企业数据不全面时，交易定价就无法准确，进而导致交易无法进行。因此，完善的数据基础是阿米巴经营运行的必要条件，也是内部交易定价的基础条件。

第三节
内部交易定价的六种方法

阿米巴经营模式下，各经营单元的劳动成果都是通过创造的可定量的价值来体现，创造价值的大小则是和内部交易定价有关。定价直接影响了各经营单元创造的价值，更直接关系到每一位员工的切身利润。定价不合理的话，不仅不能真实反映各经营单元创造的价值，更容易造成各经营单元之间扯皮，打击每个人员的积极性，形成内耗。因此，定价合理与否直接关系到阿米巴经营模式能否在企业落地运行。如何进行内部交易定价，才能保证定价合理呢？以下是华美咨询根据多年来辅导众多企业导入阿米巴经营模式的经验，总结出的六大定价方法和适用情形，进行内部交易定价时可以结合企业和各阿米巴实际采用相应的定价方法。

一、双方面议法

1.双方面议法定义

双方面议法是指参与内部交易的阿米巴买卖双方本着公平、自愿的原则，进行协商达成的交易价格。这种定价法基于两点考虑，一是以市场价格为参考，二是对比其他各阿米巴之间类似交易价格。在此基础上，双方共同协商达成一个都愿意接受的价格作为内部交易价。

2.双方面议法应用

双方面议法定价较为简便，参考公司内部、外部同类产品价格进行报价，无需进行大量的数据核算，例如，对成本、费用等支出的数据核算。但是，双方面议法在使用过程中有两点需要特别注意：一是各阿米巴的经营业绩可能会因为巴长的沟通谈判技巧而失真；二是双方面议时会花费较多时间和资源。

综合上述考虑，该定价法一般用于交易频次低、交易金额占比小的交易标的定价。

二、市场参照法

1.市场参照法定义

市场参照法就是通过市场调研获取阿米巴之间交易产品或者服务的市场价格，以此作为双方的内部交易价格基础。若卖方愿意对内销售而且售价不高于市价时，买方有购买的义务，不得拒绝；若卖方售价高于市价，买方有改向外部市场购入的自由。

2.市场参照法应用

通过此种定价方法进行定价，可以让交易标的价格更贴合市场，随着市场行情变化而变化，不与其成本直接关联，比较客观、真实地反映交易标的的实际市场价值。由于市场价格容易波动，如果不及时调整，就会影响其准确性和可靠性。

综合考虑，市场参照法一般适用于市场上普遍存在、价格比较透明并且较为稳定的交易标的定价。

三、工时折算法

1. 工时折算法定义

工时折算法是按服务提供的工作时间计算价格的一种方法。在企业内部阿米巴之间的服务交易中,一般是通过借用人员的月均人工总费用/月均工作时间,计算得出单位时间的基本服务价格,再用基本服务价格乘以一定的倍数作为双方的内部交易价格。

2. 工时折算法应用

工时折算法常用于劳务服务的交易定价。在实际应用过程中,工时折算法一般用于阿米巴之间偶尔发生的人员借用服务。如果某阿米巴频繁存在借人也就是频繁劳务输入的情形,那么该阿米巴就要考虑增加相应人员以满足经营需求,这样可以降低人工成本。

四、成本推算法

成本推算法是六大定价法中使用频率较高的一种内部交易定价方法,是在成本费用基础数据清晰准确的情况下,以阿米巴实际发生的成本费用数据为基础计算交易价格,定价方式简单明了。以下重点介绍成本推算法。

1. 成本推算法的定价原理

成本推算法是指卖方给买方提供产品或服务的报价时,先测算出该项产品或服务所支出的各项成本和费用,然后在总支出金额的基础上加上预期的利润来确定最终的交易定价。下图 5-1 为成本推算法演示图。

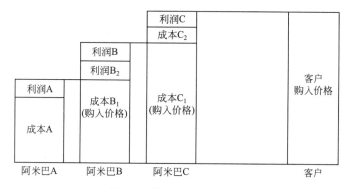

图5-1 成本推算法演示图

上图直观地演示了成本推算法的定价原理：某项产品依次经过阿米巴 A、B、C 的加工，然后形成最终的产品出售给客户。在这个过程中，阿米巴 A、B、C 以及客户之间存在着关联交易：A 巴将自己的半成品卖给 B 巴，B 巴在 A 巴半成品的基础上再二次加工卖给 C 巴，C 巴最后经过三次加工形成最终的产品卖给客户。A 巴、B 巴、C 巴作为卖方在给买方报价时，均是在本巴实际产生成本费用的基础上加上一定的利润率。

2.成本推算法应用

下面我们结合成本推算法的定价原理，分别针对一项产品和服务通过成本推算法进行定价。

（1）产品定价应用

A 巴每月生产 1 万件产品 F 卖给 B 巴，那么如何通过成本推算法计算产品 F 的定价呢？我们需要考虑生产产品 F 的损耗率以及生产 1 万件产品 F 所需的人工成本、材料成本、各项费用，在此基础上加上一定的利润计算出最终的价格即为产品 F 的交易定价。具体计算过程见表 5-1。

表 5-1　成本推算法——产品定价示例

卖方：A 巴　　　　买方：B 巴　　　　产品：F
月产量：1 万件　　生产损耗：5%　　　人员数量：3 人

会计科目		计算方法	元/件
成本	材料	1000 元/吨÷95%÷100 件/吨	10.5
变动费	水电	2000 元/月÷1 万件	0.2
	其他	5000 元/月÷1 万件	0.5
固定费	场地	300 万元÷20 年÷12 个月÷1 万件	1.25
	设备	40 万元÷5 年÷12 个月÷1 万件	0.67
	人工	3 人×5000 元/（人·月）÷1 万件	1.5
分摊费	巴外分摊	1500 元/月÷1 万件	0.15
	巴内分摊	900 元/月÷1 万件	0.09
成本合计		14.8 元/件	
利润率		3%	
交易价格		14.8×（1+3%）	15.24

（2）服务定价应用

用成本推算法计算服务定价时，需要考虑提供预订服务所支出的人工费用和其他费用，在此基础上加上单次的利润，即为单次服务定价。具体计算公式如下：

服务单价 =（人工费用 + 其他费用）/ 预订次数 + 单次利润

其中，人工 = 工资 + 奖金 + 福利 + 其他；费用 = 固定费用 + 变动费用 + 分摊费用。

（3）成本推算法的注意事项

使用成本推算法进行定价时，需要重点注意以下事项。

① 产品或服务的成本构成。成本是阿米巴生产经营过程中所发生的实际耗费，客观上要求通过商品的销售而得到补偿，并且要获得大于其支出的收入，超出部分表现为经营利润。我们在计算产品或服务的成本时，一定要按照会计科目分类一一列出成本构成，避免成本项缺失造成产品定价过低，使得本巴入不敷出、亏本经营。

② 单件产品或单次服务的利润率。我们使用成本推算法计算产品或服务定价时，不管是对内各阿米巴交易还是对外市场销售，一定要充分考虑市场同类产品价格和客户接受能力，控制好利润率，不宜过高，原因如下：

a. 阿米巴经营模式下，各经营单元之间进行内部交易，是为了促进各阿米巴更好地协作，及时响应客户需求，进而从外部获取更多收入，促进企业发展；不是让各经营单元将眼光瞄向公司内部，通过高利润率赚取内部的钱，否则就是竭泽而渔，企业迟早陷入困境。

b. 成本推算法定价模式，实际上是通过交易实现卖方成本转移，一旦利润率过高，最终卖给客户时将会是一个远超市场同类产品报价的价格，从而导致产品或服务滞销。

3.成本推算法适用范围

成本推算法，顾名思义，首先考虑的是本巴提供的产品或服务成本，而不是市场同类产品价格和客户价格承受能力，容易造成最终产品定价过高，使产品滞销，因此成本推算法一般用于有标准成本的情况和计算各阿米巴获取内部收入（客户订单以外的各阿米巴之间内部交易产生的收入，如生产补件）时的交易定价。

五、价值分割法

价值分割法以市场为导向,让各经营单元将眼光瞄向市场,建立以市场匹配的交易机制,积极响应客户需求,从市场获取收入进行收入分割定价。这样一来,各经营单元目标一致,劲往一处使,就能形成有效合力。价值分割法是阿米巴之间进行内部交易常用的一种定价方法。

1.价值分割法的定价原理

企业对外提供产品或服务一般是由多个部门(阿米巴)共同协作完成,那么从市场获取的收入就应该按价值链流程节点对应产生的价值分割到参与巴。每个参与巴分割的收入根据其对提供产品或服务过程中创造的价值大小而定,创造价值越大所分割的收入越多,反之分割的收入越少。具体详见价值分割法的定价演示图(图5-2)。

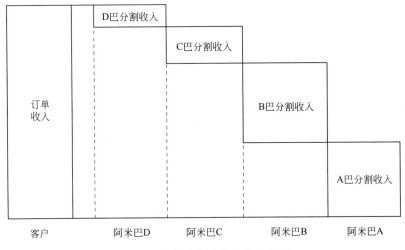

图5-2　价值分割法的定价演示图

上图直观演示了价值分割法的定价原理:公司接到客户一个订单,由阿米巴A、B、C、D四个巴共同协作完成,订单交付后从客户处获得销售收入,然后根据四个巴在订单完成过程中创造价值的大小进行收入分割,其中A和B巴创造价值较大,分割收入较多,而C和D巴创造价值较少,分割收入也较少。

2.价值分割法应用

价值分割法根据参与巴在订单完成过程中创造价值大小进行订单价值(收入)

分割。那么如何衡量参与巴创造价值的大小？根据企业经营实际，我们从两个维度进行衡量：

① 参与巴完成订单的支出成本。每个参与巴在完成订单的过程中会有成本发生，这是刚性支出。因此价值分割时，要充分考虑各阿米巴成本；成本越高，分割占比越大，反之亦然。

② 参与巴完成订单的人工成本。由于阿米巴模式下的员工薪酬是与其创造的价值紧密相关的，一般情况下，人工成本越高表示创造价值就越大，因此在分割订单收入时，要考虑各阿米巴人工成本。人工成本越高，分割收入越多，即定价越高，反之亦然。

使用价值分割法进行定价时，需要注意以下事项。

（1）数据的收集及核算

使用价值分割法进行定价时，需要收集各阿米巴完成订单的成本以及人工成本数据，进而核算各阿米巴成本占比及毛利分享占比，最终得出价值分割比例。这些数据的收集及核算必须由第三方，一般是财务部门主导完成，各阿米巴协助提供数据。这样做是基于以下两点考虑。

① 财务部门主导数据收集及核算，能确保数据的全面性和准确性。作为公司各项经营数据的归集、核算部门，财务部门掌握的数据更全面；财务人员较各阿米巴巴长而言，对于数据运算逻辑更清晰。因此，为了确保数据的全面性和准确性，财务部门主导这项工作更为合适。

② 财务部门作为第三方，收集及核算数据时更公平、公正。如果各阿米巴进行数据收集、核算，由于数据最终关系到各阿米巴的收入分割，在核算过程中，各阿米巴难免会虚增本巴的成本数据以获取更高的分割比例，这样一来就导致数据不准，甚至出现各阿米巴成本之和远高于订单收入的情况，不能真实反映各阿米巴的成本占比和最终分享占比，各阿米巴实际创造的利润也会因为定价失真。所以，财务必须作为第三方主导此项工作。

（2）数据的透明

阿米巴经营模式下，各阿米巴自主经营、独立核算，关于本巴的各项经营数据应该对该巴巴长公开，遵循玻璃般透明的原则。因为，这些数据是各阿米巴进行交易定价测算的依据，关系到各阿米巴直接的经营利润；同时，也是各阿米巴编制经营报表进行经营分析改善的必要条件。

（3）分割比例的确认

财务部门主导完成价值分割比例的测算工作后，要召集参与价值分割的各阿米巴进行确认。各阿米巴对数据或者定价比例有疑问的，现场可以提出来，由财务部门进行核算、答疑，直到各阿米巴一致确认后方可实施。

3. 价值分割法适用范围

价值分割法一般适用于计算获取外部收入（完成客户订单获取的收入）时的各阿米巴内部交易定价。用这种定价法进行产品定价时，各阿米巴就会形成合力，争取更优的市场价格，并在内部的运营和管理上尽量降低成本和提高资源利用率，最终优化了公司的成本，提升了产品竞争力，避免因成本过高导致经营不善。

六、综合计算法

综合计算法顾名思义就是综合运用上述定价方法来确定最终的交易定价。对于一些定价比较复杂的交易标的，我们进行内部定价时既要考虑交易标的的成本，同时还要考虑工时费用等等，此时，就需要使用综合计算法来进行定价。

总之，阿米巴内部交易定价不能拘泥于一种定价形式，要结合企业与各阿米巴组织的实际情况，采取多种定价方法互补的形式，才能更好地适应企业内外市场。

第四节
内部交易定价的调整

内部交易定价确认后，各阿米巴要严格执行，如需调整必须一个经营期满（一般是一个季度）根据实际运营情况，由公司财务部组织各阿米巴进行调整，各阿米巴不得擅自调整。

一、内部交易定价调整的时机

内部交易定价对企业经营有着至关重要的意义，随着企业经营发展和各阿米巴经营现状变动，要及时调整内部交易定价，以免原有定价不适用经营现状，影响各阿米巴积极性，造成一定内耗，进而制约公司发展。当出现以下几种情形时，内部交易定价需要调整。

（1）交易对象发生变化时

阿米巴组织架构发生裂变，参与内部交易的阿米巴被拆分或整合时，交易对象发生了变化，原有的交易定价就不能适用于新的组织架构了，此时就需要进行调整。

（2）交易成本发生变动时

各阿米巴进行内部交易时，成本是一个重要考虑因素，它直接关系到各阿米巴的利润及员工的收益，因此当成本发生变动时，要及时调整交易定价。当然，为了确保内部交易的有序进行，避免频繁调整交易定价，一般情况下，交易双方会约定一个成本浮动区间，超出这个区间再进行调整。

（3）交易标的发生变化时

交易标的发生变化时，交易成本随之变化，原有的交易定价就不能继续使用了，此时需要根据新的交易标的进行内部交易定价。

（4）现有交易价格不合理时

经过一个经营周期的数据测试，发现之前的经营数据测算的交易价格不合理，那么就需要调整原有的交易定价，使用本经营周期的各项数据测算新的交易价格。

（5）公司的战略调整时

阿米巴组织是具体执行公司战略的经营单元，阿米巴的各项经营活动必须围绕公司的战略开展，因此，我们需要从战略角度考虑阿米巴内部定价，在公司战略的指导下进行各阿米巴之间的内部交易定价；公司战略进行调整时，内部交易定价也要进行相应的调整。例如，有的产品是公司的战略性产品，这类产品的生产可能会造成阿米巴的经营亏损，但为了公司大局和市场的长期发展需要，阿米巴在进行交易定价时就不能只考虑自身的成本消化，而要承担一定的短期亏损。大家都要以大局为重，共同克服困难，创造对未来更多的盈利机会。

出现上述任何一种情况时，均可以进行内部交易定价的调整。调整后的内部交易定价规则，用于下一个经营周期，本经营周期一般还是执行调整前的价格，即不按照调整后的交易定价进行数据回调。

二、内部交易定价的调整程序

内部交易定价调整要遵循一定的程序，各阿米巴不得随便对交易定价进行调整，通常调整交易定价的程序如图 5-3 所示。

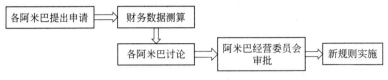

图5-3 内部交易定价的调整程序示意图

第六章
CHAPTER SIX

阿米巴经营会计内部交易规则

阿米巴经营是把组织细分成若干个"单细胞",每个"单细胞"自主经营、独立核算,具有较大的经营自主权。为了规避各个"单细胞"的经营风险和交易风险,需要制定统一的企业内部市场规则,以此规范各"单细胞"的经营活动和相互之间的交易风险。本章就阿米巴内部交易规则的制定与运用进行了详细的描述。阿米巴内部交易规则包括"交易风险规则"和"数据时效规则"二个方面,这两个规则的制定与运用克服了公司原有的管理控制流程难以执行的弊端,把公司制度变为了员工自动自发的行动。

阿米巴内部交易规则是阿米巴经营独有的一种企业内部运营协调与控制的方法。它充分发挥了企业内部各阿米巴成员的主观能动性,使公司管理从符合人性的角度出发以商业交易的手段约束,从而营造"人人都是经营者"的企业氛围。内部交易规则的运用还可以让企业减少内耗,把企业管理者从烦琐的事务中解放出来。

导入阿米巴经营模式后，虽然各经营单元之间形成了内部交易关系，相互间的利益导向和工作目标得到了统一，其积极性也调动了起来，但是企业内部的市场交易如同企业外部的市场交易一样，也可能出现各种问题或风险事项。传统企业管理模式下，通常是公司规定相关职能主管部门制定相关制度和标准来规避风险事项、减少风险损失。在阿米巴经营模式下，企业把外部商业规则机制引入到内部运作中来，用"交易规则"约定各经营单元的"责、权、利、险"，通过责任界定和赔偿原则来实现对内部交易行为的约束，预防经营风险的发生。

第一节
内部交易规则对阿米巴经营的作用

一、交易对组织的影响

阿米巴经营模式的一个重要理念，就是将传统经营管理中各部门间对工作的"交付关系"转变为"交易关系"。这种交易关系的建立把企业组织真正变成了一个内部市场化的创业平台型组织。

1.交易是市场的本质特征

交付关系，就是A把一项工作完成后交给B，称为"A交付给B"。衡量交付结果，通常用"数量+时间"两个维度；"交付"过程中没有明确的定价交换，也就难以体现A的工作价值。

交易关系，就是A把一项工作完成后，以1000元的价格卖给B，此时A、B之间就形成了"交易"关系。衡量交易的结果，会有三个基本维度"数量+时间+价格"，正如马克思所说——商品价格是价值的货币表现，通过"交易"，A的这项工作被赋予了1000元的价格，A的此项工作价值便可以用1000元来度量。因此，只有通过市场交易才能明确体现工作的价值。

传统企业中，因为没有在内部引入市场化的交易机制，内部各单元都是"交付关系"，如何判定员工的价值、工作是否增值，是长期困扰经营者的难题。阿米巴经营，就是把企业打造成各经营单元的"内部市场"，通过"交易"，激发员工创造价值，强化全员经营意识，达到激活组织的效果。

2.交易对公平性的促进

阿米巴经营是在公平的交易定价和交易规则作用下的自主经营，每一个阿米巴经营体都用自己的产品或服务去和别的阿米巴经营体进行交易，进而获取自己所要的价值或收益。每个阿米巴经营体都有能够履行交易的完整职能和被赋予的经营权限。在日常的经营活动中，阿米巴巴长能充分发挥本巴成员的能动性和创造性。企业组织内，各阿米巴之间的交易活动其实就是一种商业竞争活动，所有阿米巴个体都在平等、公正、互利的条件下进行商业交易，公平公正地进行产品和服务的竞争。

3.交易对能动性的促进

阿米巴经营是"自主经营、自负盈亏"的模式，每个阿米巴的盈利收益与成员的报酬高度相关。这样，为获得更多收益，阿米巴组织中的买卖双方必然会想尽办法实现自己的"销售最大化、成本最小化"。卖方会尽量为买方提供更优质的产品和服务；买方会尽量批量采购、降低交易难度。这就促使双方努力主动改善经营，从而推动企业不断进步发展。

4.交易对创造性的促进

在传统管理模式下，"员工"和"老板"两种角色存在本质的不同。大多数员工，只是被动地接受工作指令，只关心自身利益，很少主动关心公司的经营和发展问题，因为他们是交付思维，以把任务完成交给上司为己任。但在阿米巴模式下，员工是交易思维，他们要对投入产出负责、要关注如何创造更高的价值，获得更多的收益。所以，只有通过建立内部交易关系，才能为企业发掘更多"老板型"人才，激发员工创造力，打造高收益型企业。

二、内部交易规则的三大作用

交易规则就如同国家为了规范和发展市场经济，对市场制定了许多政策与规范一样，它是阿米巴经营模式下，企业内部"市场化、交易化"经营必不可少的条约。交易规则在阿米巴运行体系中发挥了以下三大作用。

1.规范交易行为

稻盛和夫先生说过，阿米巴经营要"以心为本"。人心是可靠的，也是脆弱的。在内部交易过程中，有些人难免为了一己私利做出错事。所以，阿米巴内部交易规则，主要用来厘清各阿米巴在交易行为中的角色、权利和责任，减少由于一方错误对另一方带来的损失，为企业"内部市场"提供良性的交易环境。

2. 预防交易风险

交易规则是阿米巴经营用来规范交易行为、预防交易风险发生的交易双方需要共同遵守的行为准则。有了交易规则就会促使企业内部买、卖双方在交易行为发生前，不但要考虑自身的利益，还要考虑他人的利益；不但要考虑自身的风险，还要考虑他人的风险。这样交易双方在交易之前客观评价各种风险因素，并竭力规避风险发生，从而使双方交易风险大为降低。

3. 降低交易成本

交易成本是价格机制运行所必然产生的成本，它"可以看作是一系列制度成本，包括信息成本、实施契约的成本、界定和控制产权的成本、监督管理的成本。简言之，包括一切不直接发生在产品生产过程中的成本。具体而言，交易成本包括运输成本、库存成本、谈判成本、风险成本和信息成本五个部分。交易规则在促进交易风险降低的同时，也促进了交易双方对经营过程中各类问题的有效处理，让交易双方在交易过程中减少浪费和内耗，从而降低交易成本，促进了高效协作的内部交易平台建设。

第二节
内部交易规则

为了让内部交易顺畅开展、规避交易风险，让参与交易各方事先了解风险构成、明确风险责任、掌握风险处理办法就非常必要。

阿米巴经营运营体系是一个数据化的经营系统，各种经营数据是否能够按照各经营单元需要及时、精准地交换和整合，是决定阿米巴经营系统良好运转的前提。所以企业有必要针对内部数据时效相关的工作建立执行准则。

为使阿米巴在交易风险预防和数据时效真实两方面都有统一的执行标准，阿米巴经营模式下，企业需要建立两大基础规则：内部交易风险规则和内部交易数据时效规则。

一、内部交易风险规则

会给交易任何一方带来经济损失的事项，称为风险事项。阿米巴内部交易风险规则，主要用来界定阿米巴之间在内部交易过程中可能产生的风险事项类别、责任归属，并约定责任承担方式。

1. 内部交易风险的产生

在阿米巴内部交易中，任何一方都可能由于人员、资金、材料、环境等因素的变化，导致无法依约完成交易，给另一方造成损失，所以说，有交易就有可能产生风险。

2. 内部交易风险的种类

阿米巴内部交易风险的种类，按风险发生方，可分为"卖方风险"和"买方风险"。"卖方风险"指由于买方原因导致卖方发生损失的风险事项；"买方风险"指由于卖方原因导致买方发生损失的风险事项。

按照风险给交易参与方造成的损失性质，又可以细分为：质量损失风险、交期延误风险、运输损失风险、场地占用风险、订单变更风险、劳务低效风险等类别，不同企业风险性质有所不同。

例如，某公司生产巴与营销巴针对一批产品 D 进行交易。生产巴把产品 D 生产完成后，入营销巴成品仓库，营销巴成品仓库开具《成品入库验收单》交生产巴确认后，即认定该交易完成。

在该公司生产巴和营销巴本次交易中，有可能产生如下风险事项。

（1）买方（营销巴）风险

① 质量损失风险：生产巴提供货物的合格率低于事先约定的合格率。

② 交期风险：生产巴未能按时将产品 D 入库，影响营销巴的市场销售。

（2）卖方（生产巴）风险

① 改单风险：产品 D 已在生产中，客户更改订单，给生产巴造成材料、人工等费用损失。

② 场地占用风险：由于营销巴原因，导致生产巴完成产品 D 无法及时入成品仓，占用生产巴场地。

由于不同企业内部交易中的风险事项各不相同，在界定内部风险事项时，要根据实际情况总结提炼，客观评价，才能把风险事项全面合理地列举出来，避免造成事先无约定、事后产生交易纠纷的现象发生。

3. 内部交易风险的规避

阿米巴经营规避交易风险的有效手段，就是制定交易双方都认可的内部交易风险规则。制定完整的交易风险规则一般包含以下四个主要内容。

（1）约定交易条件

交易条件是指阿米巴交易双方为了保证达成交易而约定一些必要的条件。如交易时间、交易地点、交易环境、交易气候等。

例如，在上述关于产品 D 的交易中，双方可能的交易条件有：

① 只允许在 9:00～17:00 之间的时间入仓（时间条件）；

② 必须由生产巴把货物运输到营销巴的成品仓库中（交易地点）；

③ 如果是在室外进行交易的情况下，可能会约定下雨天不能进行交易（天气条件）；

……

总之，与达成交易有关的必要条件，都可以通过双方商讨约定。

（2）列举风险事项

风险事项是指由于交易一方未负到应尽的责任而给另一方造成经济损失的事项。风险事项的约定由阿米巴买卖双方各自把交易过程可能发生的风险事项进行预测，再把预测出来的各种风险事项汇总，由买卖双方充分讨论决定。这样由买卖双方参与的风险预测就比较全面和准确，也便于双方贯彻执行，而不是由公司来做规定。

（3）界定责任归属

界定责任归属是指明确交易风险的造成者和责任担当者。交易风险的形成可能是卖方造成的，也可能是买方造成的，甚至可能涉及没有直接参与交易的第三方。无论是谁造成的，都要明确造成风险的责任由谁来担当。要杜绝出现风险问题而无人负责任的现象发生。

（4）明确处理规则

处理规则是指对风险责任者要如何担当责任的法则。在阿米巴经营过程中，一般常用的处理法则是"缺失补偿"和"经济赔偿"二种。"缺失补偿"是指采用填补数量或返工重做的方法对损失方承担责任；"经济赔偿"是指用同等价值或超额价值的货币赔偿对损失方承担责任。

交易各方可以约定责任方承担全部损失，也可以约定以某个比例由相关责任方共同承担损失。

例如，某企业阿米巴 A 给阿米巴 B 提供一批产品的加工服务，交易金额约定为 50000 元。双方约定 3 日内完成，但由于阿米巴 A 的原因延迟了 2 日交货。内部交易规则中关于该类交易有"交期延迟时，卖方按交易金额的 1%/ 天赔偿给买方"的处理规则。此时，阿米巴 A 就要依约赔偿 50000 元 ×1%（赔偿比例）×2（延迟天数）=1000 元给阿米巴 B。

把上述四个主要内容汇总起来，就构成了阿米巴内部交易规则。这种交易规则使公司所有阿米巴的交易行为规范、责任明确、工作到位、杜绝扯皮，促进了各阿米巴在公司的共同目标和大家的共同利益框架下，从"利益共同体"走向"事业共同体"。公司全员都在思考如何更好地完成交易任务、提高服务水平，从而让客户得到更好的产品和服务，最终提升企业整体经营水平、赢得口碑。

下面，以华米咨询服务过的一家企业为例来具体说明阿米巴内部交易风险规则的制定。

该企业（以下简称 Y 公司）为一家光电产品制造型企业。前期调研时，华米咨询团队发现 Y 公司各部门间存在以下问题：

① 职责不清。职能和岗位权责时有越位、错位的现象，助长了推卸责任现象发生。

② 沟通不畅。各部门内部协调沟通不畅，团队内耗大。

③ 流程制约。业务流程设计缺乏效率，因走流程时间过长，处理解决客诉问题缓慢的情况时有发生。

④ 客户意识。各部门考虑工作以自己的 KPI 为中心，而非以如何更好地满足客户为中心，导致客户投诉不断。

这些问题逐渐累积，现已经成为限制企业发展的顽疾。企业老板在各部门间不断充当裁判员和救火员角色，身心十分疲惫。

华米咨询团队在对 Y 公司设计解决方案时，先通过组织架构设计、内部交易定价规则和交易风险规则方面来打破"部门墙"、提高各部门协作意识和客户意识，把企业氛围进行正向引导。其中，在交易规则设计方面，华米咨询团队进行了如下分步操作。

① 对 Y 公司全体阿米巴巴长集中培训"阿米巴经营会计知识"，强调"内部交易"和"内部客户"的观念，让各级管理者树立正确工作观和价值观。并根据新设计的阿米巴组织梳理出各阿米巴之间的交易关系。

② 发动三级阿米巴巴长以上人员，将交易过程中可能出现的风险进行预测，再收集汇总各阿米巴的风险预测，形成阿米巴交易规则内容草案。

③ 组织各阿米巴交易双方巴长代表集中讨论规则草案内容。经过几轮讨论和修改后，最终形成系列交易风险规则，所有交易涉及方都在规则上签字生效。

表 6-1 为 Y 公司阿米巴内部交易风险规则部分节选内容。

表 6-1 Y 公司阿米巴内部交易风险规则（节选）

风险类别	序号	具体内容	风险承担方	处理规则
产品进仓问题损失风险	1	未按照指定时间进仓（09:00～10:30/14:30～16:30）	产品制造事业部	超出规定时间承担费用 300 元/次（A/B 车间各 2 次延时半小时进仓）
	2	产品进仓时产品与标示卡不一致	产品制造事业部	查实标识卡与实物数量不符，承担费用 300 元/次
	3	1500 片以下订单未一次性进仓	产品制造事业部	不按订单进仓导致不能出货，仓库收取仓库场地占用费每平方米 100 元/天
	4	未能按订单交期进仓（当月可进，不可跨月）	产品制造事业部	跨月进仓，仓库收取保管费 300 元/单（月底可顺延 2 天）
	5	1500 片以上、5000 片以下订单，允许两次进仓间隔不得超过一星期，不得跨月	产品制造事业部	间隔超过一星期按 300 元/单赔偿，跨月在间隔基础上再承担费用 300 元/单赔偿
	6	5000 片以上订单允许分四次进仓，间隔不得超过十天	产品制造事业部	间隔超过十天，300 元/单；跨月在间隔基础上承担用 300 元/单
	7	每张订单只允许有一个尾数箱	产品制造事业部	超出一个尾数箱按 300 元/箱赔偿
配件底座问题损失风险	1	底座/配件需提前三天送达仓库	采购部	因配件未能送达导致不能发货按 300 元/次赔偿
	2	配件按指定时间进仓（9:00～11:00）	采购部	未按时进仓按 300 元/次赔偿
	3	必须按订单进仓，不得多单混装	采购部	未按订单进仓按 300 元/次赔偿
	4	因底座未及时交货导致产品先发货	采购部	在承担上述 300 元/次赔偿的基础上派车送至客户处
仓库发货区场地占用损失风险	1	未向仓库申请私自占用仓库场地	各责任巴	收取场地占用费 300 元/次
	2	申请后占用仓库场地不得超过 24 小时	各责任巴	收取场地占用费 300 元/次

以上交易风险规则有以下特点。

① 内容切实。规则内容非常切合各阿米巴经营的实际情况，把相关方在交易过程中可能产生的风险事项都详细列举。例如，针对"进仓问题"细分出7类，并分别用可度量的数据清晰描述，有效避免沟通不畅和扯皮情况。

② 责任明确。风险规则中各风险责任承担方一目了然。杜绝了责任不清、模棱两可、互相扯皮的情况。

③ 措施落地。规则中各风险处理措施都是经过交易双方充分讨论的结果，自愿而没有任何强加。导入阿米巴前，Y公司习惯于通过罚款的形式来对员工进行处理。这样做，不但对弥补工作损失没有帮助，反而给员工以"赚钱就归公司，出错就罚个人"不良印象，使员工工作产生负能量。现在这种对交易风险责任的自愿担当和自愿赔偿，把公司从"罚款引起负能量"的尴尬中解脱出来。另外，不管是"缺失补偿"还是"经济赔偿"都会影响到阿米巴的自身利益，为规避损失，各阿米巴所有成员必定会互相监督，积极工作，自动自发地预防或控制造成风险的事项发生。

交易风险规则的落地实施，使Y公司员工责任心明显增强，企业内耗消失，部门配合加强，运营效率也大幅提升。

二、内部交易数据时效规则

在企业和阿米巴实际发展与经营过程中，财务会计信息以及数据都有着极为重要的作用。数据的作用能否得到充分的发挥，与会计信息以及相关数据的真实性和及时性有着极大的关联。随着时代的不断发展，现代企业在发展的过程中财务会计信息以及数据的失真情况是普遍存在的，这种现象不仅会对企业内部的管理和经营造成一定的影响，导致经营决策出现失误，还有可能对企业的正常运转造成严重的影响。因此，会计信息与数据的时效性和真实性对企业经营非常重要。

1. 阿米巴经营中会计信息与数据的作用

在企业经营的过程中，与其他资源进行比较，财务会计信息与数据的作用主要体现在以下几个方面。

（1）客观反映经营结果

在企业经营中，财务会计信息以及数据有一定的客观基础。财务会计信息与数据一般都来自经营过程，具有反映事物客观存在、衡量资源使用效果、体现资金运行趋势、总结企业综合成效的作用。

（2）为经营改进提供依据

财务会计信息与数据可以帮助企业管理者在工作开展的过程中，通过对具有准确性以及可靠性的财务会计信息与数据进行分析，找到经营管理过程中存在的问题，根据问题提出切实可行的解决办法。

（3）为信息共享提供方便

在企业经营中，财务会计信息与数据来自每一个经营活动过程和企业价值链各环节，信息数据既有独占性，也有共享性。其中，财务会计信息以及数据中的独占性主要指的是，这种信息只供给某一个单位进行使用或是占有。在现代社会发展的过程中，企业在经营的过程中想要得到健康稳定的发展，就需要拥有自身的商业机密，其相关的财务会计信息具有独占性。财务会计信息以及数据的共享性是其对各经营单元经营分析与经营决策的信息数据支持，在运用的时候可以进行反复使用。在企业经营发展的过程中，财务信息与数据的共享性主要表现在会计报表方面的共享。

（4）是实现科学管理的必要条件

美国管理大师彼德·德鲁克说："没有数据的管理不是科学的管理"。在企业经营发展的过程中，数据是非常重要的资源，无论是工作、管理、决策还是分析、改善、分配等都需要数据的支持，没有数据的支持，就没法得出科学的结论；没有数据的支持，就可能是感性的行为。企业实现规范化、标准化的科学管理，是从数据的准确真实和及时有效开始的。离开了这一点，科学管理就无从说起。

2.阿米巴经营对会计信息与数据的要求

阿米巴经营模式是以经营会计为基础的一套数据化管理系统。在传统企业管理模式下，财务会计信息与数据主要由企业财务主管部门收集与应用，其他部门很少用到财务会计信息与数据，这主要是由企业体制与管理模式造成的。而在阿米巴模式下，企业负责人、财务主管部门、各级阿米巴巴长都是企业经营的直接参与者，需要对各自范围的经营活动和业务事项做出决策，他们都需要用到数据，所以对财务会计信息与数据管理有更高要求。主要体现在以下几点。

（1）财务会计信息与数据的及时性

阿米巴经营管理是以现场为基础进行管理，而不是事后的管理。从现场的各类经营管理活动中及时找问题原因、想解决办法;从现场经营活动产生的数据中看本质、定策略;从每天的经营结果中找缺点、求改善。各级阿米巴巴长要亲自进行数据总结,亲自编制经营报表。这就要求各种经营数据必须真实及时地呈现。

(2)财务会计信息与数据的准确性

在阿米巴经营管理中,会计核算是关键的工作内容,只有会计核算数据的准确性得以保障,经营报表才能够为管理者战略决策和阿米巴经营改善提供关键的数据支持,提升决策准确性,提升企业运营管理水平。

会计核算是企业财务管理数据来源的重要渠道。基于会计核算的数据结果,企业获取财务管理所需的数据内容,进而为企业运营决策提供关键性的财务数据支撑。因此,只有保障财务数据的准确性,才能够保证财务管理和阿米巴经营的正确性,才能够确保企业运营处于正确的发展方向。

财务数据是企业经营数据的重要体现形式。在阿米巴经营报表的编制中,汇总了大量的财务管理数据及运营信息,可视为财务数据的汇总。因此,作为企业经营数据的重要体现形式,在企业运营过程中,只有确保财务数据的准确性,才能够确保企业运营数据的准确性。

(3)财务会计信息与数据的规范性

阿米巴模式下,企业要求每个阿米巴都要制作统一标准的经营会计报表,报表要互相印证、层层汇总。这就要求财务会计信息与数据在收集、填写、提供等过程中,要遵守如下规范:

① 当天发生的数据当天收集、整理与提供,不得拖延至次日。
② 数据、票据、物件必须三者相符,不得有误差。
③ 数据发生的对象、时间、地点、事项必须一一对应,不可有偏差。
④ 数据必须真实准确,不得有虚假。
⑤ 数据必须分类、分科目、分作用、分对象收集与整理,不得鱼目混珠。

3. 阿米巴经营会计信息与数据时效的保证

信息与数据是可以对人的行为产生影响的,而财务会计信息与数据则是企业经营活动中直接产生的一种数据,它是企业财务信息和企业其他经济信息的核心,只有保证财务会计信息与数据的可靠性,才能保证企业和阿米巴经营的健康发展。

在企业发展和阿米巴经营过程中,会计信息与数据起着重要的推动作用,尤其是在会计报表、财务审计、财务报告以及财务信息使用状况中，发挥着重要的作用。会计信息与数据是企业经济有效运行的重要基础，也是对阿米巴经营活动进行监督与评价的重要基础。而时效性和真实性是对会计信息与数据质量最基本的要求，客观的、真实的、及时的会计信息与数据是保证企业经营有效运行的重要条件。

因此，在导入阿米巴经营会计系统时，需要制定一套内部各阿米巴经营数据交换和汇总的规则，以保证会计信息与数据的真实性与及时性。我们称之为《阿米巴内部交易数据时效规则》（以下简称"数据时效规则"）。一个完整的"数据时效规则"主要包含以下三大内容：

（1）数据依据

阿米巴报表中科目数据记录的真实性和及时性非常重要，其来源和依据一定要有统一的标准和载体。

例如：业务部门销售收入的数据载体通常为"客户验收单"或"成品出仓单"。各阿米巴水电费数据载体通常为"发票""水电费单"或主管部门抄表折算。

由于不同企业运作模式的不同，数据依据也不同，这要结合企业实际运用的有效数据载体决定。导入阿米巴经营模式前，有些数据载体中没有金额相关信息，企业有必要调整其内容，追加金额数据信息，能够让人通过它获得阿米巴报表所需的会计信息。

例如：有些企业的"材料出仓单"中只记录"时间""品名""型号""数量"的信息，这些信息无法体现该批材料的价值金额，导入阿米巴后，企业要在"材料出仓单"中再追加"单价""合计金额"的信息数据，以便让领料的阿米巴能在其报表记录中计入支出金额的变化。

（2）数据来源

阿米巴经营报表所有科目的数据一般都来自经营现场，各阿米巴巴长对数据提供的真实性要负绝对责任。数据信息的真实性是指数据信息与其意欲反映的事实的符合程度。包括数据信息的真实性、数据信息的可验证性以及数据信息的中立性。真实性偏重于数据信息和实际情况的一致性，所以说真实性的数据信息是具有严格客观性的。

对于数据的来源，阿米巴经营中通常要确定两大要素：数据提供者和数据提供时间。

① 数据提供者。数据提供者可能为某阿米巴负责人，也可能为某职能岗位

人员。为有效落实数据提供者责任,数据提供者不可笼统地只规定到部门,务必落实到具体岗位。

② 数据提供时间。对于数据提供时间,要明确以下两方面内容:

a.会计报表中,各科目数据提供时间。阿米巴经营会计报表由一系列科目数据构成。若某一数据不及时,该报表则无法按时完成。所以,各阿米巴要针对会计科目对应数据的提供时间做明确的规定。

b.各层级阿米巴互相提供会计报表的时间。阿米巴经营运行系统中,预算巴为其服务的利润巴"分摊费用"提供数据,下级巴为上级巴的合并报表提供数据。为保证数据体系的整体时效性,有必要要求所有阿米巴规范并严守互相提供报表的时限要求。否则,数据系统就无法及时正确地反映经营实绩,也就失去了对阿米巴经营分析与及时改进问题的作用。

(3)违约处理规则

为了明确发生数据提供违约时,责任方要承担的违约责任,企业要事先约定违约处理规则。数据违约处理规则一般包含以下五大内容:

① 数据提供方未按时提供数据时的责任担当与处理;
② 数据提供方的数据提供错误时的责任担当与处理;
③ 财务审核报表发现数据疏漏时的责任担当与处理;
④ 财务审核报表发现数据虚增时的责任担当与处理;
⑤ 其他需要特别说明的数据时效违约的责任担当与处理。

下面以华米咨询服务过的一家家具制造企业 W 公司"内部交易数据时效规则"为例,让读者进一步理解数据时效规则的形成,如表 6-2 所示。

4.内部交易数据时效规则的编制与调整

(1)内部交易数据时效规则的编制

由于企业的数据链和数据流程体系涉及每一个阿米巴和公司各职能部门(预算巴),所以在编制数据时效规则时,所有阿米巴负责人需要共同讨论确定。

编制流程如下:

① 财务部门负责汇集数据时效规则涉及的科目内容。
② 财务部门组织各阿米巴负责人和数据发生或提供的责任人,围绕各阿米巴报表科目一一对应,进行详细讨论,确定数据的依据、来源和数据提供时间等。

表 6-2 阿米巴内部交易数据时效规则示例

一级科目	二级科目	三级科目	数据依据	提供责任巴	责任岗位	提供时间
收入	外部收入	产品收入（制-外贸客户）	销售出库单	IT信息中心	二级巴长	次日上午9:00前
		成品安装服务收入（厂-客）	销售订单/销售出库单	IT信息中心	二级巴长	次日上午9:00前
		成品运输服务收入（厂-客）	销售订单/销售出库单	IT信息中心	二级巴长	次日上午9:00前
	内部收入	零件收入（制-制）	内部交易结算单	相应买方巴	买方巴巴长	次日上午9:00前
		半成品收入（制-仓）	销售订单/销售出库单	IT信息中心	二级巴长	次日上午9:00前
		产品收入（制-仓）	销售订单/销售出库单	IT信息中心	二级巴长	次日上午9:00前
支出成本	外部成本	材料成本	领料单	IT信息中心	二级巴长	次日上午9:00前
	内部成本	外协油漆加工费	报销审批单	经营财务中心	成本会计	次日上午9:00前
		外贸成品仓储服务成本（制-仓）	销售出库单	IT信息中心	二级巴长	次日上午9:00前
支出费用	变动费用	计件人员工资	工资审批表	经营财务中心	总账会计	每月最后一个工作日17:30
		奖金（月度、季度、年度）	奖金审批表	人资行政中心	人事经理	每月最后一个工作日17:30
		办公维修费	办公费用审批表/收据/发票	人资行政中心	行政主管	报销审批完成次日内
		叉车维修费	收据/发票/报销审批	仓储物流部	仓储物流三级巴巴长	每周一上午11:00前提供上周数据
		生产低值易耗品	收据/发票/材料仓领料单/报销审批	材料仓	服务员	领料当日17:30前

③ 所有相关方一起商定数据时效违约的责任担当与处理规则。

④ 财务部门将数据时效规则中，各阿米巴商定的各项内容进行汇总，形成正式文件。

⑤ 公司阿米巴经营委员会批准规则并下发，各阿米巴遵照执行。

（2）内部交易数据时效规则的调整

一般来说，对于初次导入阿米巴经营模式的企业，数据时效规则制定后，还需要经过实践的检验，查验其是否存在纰漏或问题项。如有纰漏或问题项可在下一个经营期进行调整。

对于阿米巴经营运行比较成熟的企业，当数据系统稳定运行后，就要逐渐固定下来。一般每个季度检核一次，对出现的问题进行改进或调整。

但当以下情况发生时，公司仍需考虑对数据时效规则调整的必要：

① 阿米巴报表科目有变化时，对应科目调整数据时效规则；

② 阿米巴组织发生变化时，对应单位和责权调整数据时效规则；

③ 阿米巴责权变化时，对应责权调整数据时效规则。

第七章
CHAPTER SEVEN

阿米巴经营报表

　　本章详细描写了阿米巴经营报表的形成与应用，介绍了阿米巴经营模式下，数据对经营决策和经营改进的重要性。各级巴长根据本巴经营实际数据编制成经营会计报表，用规范标准的报表反映本巴经营现状和各项生产经营活动。

　　阿米巴经营报表分为预算巴和非预算巴两种报表类型：预算巴经营报表主要由固定经费、变动经费组成，用于反映本巴经费实时使用情况，便于费用管理；非预算巴经营报表由收入、支出、税金、分析项目组成，用于反映各阿米巴经营现状，便于经营分析、改善。阿米巴经营报表有三级数据链：一级为阿米巴经营报表，二级为核算科目明细，三级为流程工作表单。

　　企业运营过程中，阿米巴经营报表要依据实际情况及时进行调整，以满足经营分析的需要，为巴长和管理者经营决策提供数据支撑，真正实现"数据是经营的指南针"。

阿米巴经营模式是"平台化、创业化、数据化"的企业运营模式，它完全摆脱了传统企业管理吃"大锅饭"的情况，让员工从"打工者"变成"创业者"，从"要我做"到"我要做"转变。而员工工作价值最终是用阿米巴经营会计报表体现出来的，主要反映在员工为公司所创造的利润上，公司与员工进行利润分享，这样把员工工作方向与目的统一到公司盈利的方向与目的上来，而不像传统管理模式，用许多的 KPI 指标或一些感性的考核方法对员工工作进行考核。事实证明，无论怎么考核，员工对成本浪费和公司亏损基本是不关心的。

经营报表这个工具在阿米巴运营模式下发挥着极其重要的作用。甚至可以说，没有阿米巴经营报表，阿米巴经营就没有实际意义。

第一节
阿米巴经营报表的作用

一、阿米巴经营报表深度剖析

关于阿米巴经营报表，稻盛和夫先生曾这样说过："无论是在公司还是出差，我都第一时间看每个部门的阿米巴经营会计报表，并且通过销售额和费用的内容，就可以像看一个一个故事一样明白那个部门的实际状态，经营上的问题也自然而然地浮现出来。"从稻盛和夫先生话中可以看出经营报表对企业管理和决策都非常重要。阿米巴经营报表是中国式阿米巴经营体系的数据落成，公司对各阿米巴经营单元的考核依据主要来源于各阿米巴的经营报表，制作阿米巴经营报表是每一个企业管理者和巴长必备的能力。

要完整独立地完成经营报表的编制，就必须对经营报表的具体内容、格式和相关要求有清晰的认识与掌握。我们在前几章分析描述了阿米巴会计科目设计、费用分摊、交易定价、交易规则的知识、方法与工具应用，完成了这些工作就可以开始编制阿米巴经营会计报表，并用报表对阿米巴经营进行系统分析与改进了。

表 7-1 是阿米巴经营报表示例。从这个报表中，我们可以知道，在阿米巴经营周期内，其收入、成本、费用和利润的实现情况，还可以细分到更细的科目看经营，并通过实绩与预算的对比分析，找到差距，进行经营短板的改进。

表 7-1 阿米巴经营报表示例

单位：元

科目			本月完成情况			原因分析
			预算	实际	差额	
收入		产品销售收入		602,700.00		
		其他收入				
		收入合计		602,700.00		
成本	材料成本	直接材料成本		413,014.04		
		辅助材料成本		9,899.08		
		合计		422,913.12		
变动费用	生产费用	生产水电费		13,806.00		
		生产维修费				
		合计		13,806.00		
	人工费	计件工资		122,080.50		
		超额奖励				
		合计		122,080.50		
	其他变动费	原材料运输费		1,076.10		
		维修费		5,713.00		
		合计		6,789.10		
		变动费合计		565,588.72		
		边界利益		37,111.28		
固定费用	人工费	管理工资		11,490.00		
		福利、伙食补贴				
		社保费				
		小计		11,490.00		
	设备费	设备折旧		8,852.00		
		厂房租金		38,300.00		
		网络、电话费		40.00		
		租赁费				
		办公水电费		47,162.00		
		小计		50.00		
		固定合计		58,692.00		
分摊费用		巴内分摊		1,000.00		
		巴外分摊		800.00		
税金						
利润				−23,380.72		

为了让读者对阿米巴经营报表有更加清晰和全面的认知，我们从两个方面对其进行深度剖析。

1. 阿米巴经营报表的种类

（1）按照报表计算周期分

阿米巴经营报表即时反映经营状况，一般以日报或者周报形式出具，具体根据公司经营分析需要和数据支持来定。一般情况下，建议企业编制经营日报表，以便更及时地掌握企业经营状况，进行经营分析改善。在日报或周报的基础上，相应生成阿米巴月报、年报。

（2）按照各阿米巴组织形态分

阿米巴组织形态不同，编制的经营报表也有所不同：预算巴编制阿米巴经费报表，利润巴、成本巴、资本巴等非预算巴（以下简称非预算巴）编制阿米巴经营报表。

此外，组织架构中不同层级非预算巴编制的阿米巴经营报表也有所不同：最底层非预算巴编制基础经营报表，其他层级非预算巴编制合并经营报表，详见以下报表模型：表 7-2 最底层利润巴报表模型、表 7-3 各级预算巴报表模型、表 7-4 非最底层利润巴合并报表模型。各层级成本巴、资本巴经营报表和相应层级利润巴经营报表格式相同，只是具体收入、支出等会计科目不同，此处不再一一列举。

2. 阿米巴经营报表的结构

通过表 7-2、表 7-3、表 7-4，我们具体来看不同组织型态的阿米巴经营报表结构。

（1）最底层非预算巴

最底层非预算巴经营报表一般由五部分内容构成。

① 收入。非预算巴收入分为外部收入和内部收入，具体科目明细根据本巴经营实际和经营分析需要进行设计，设计要求是要能清晰反映本巴收入构成，便于针对性制定改善策略，实现开源增收。

② 成本。成本对应收入分为外部成本和内部成本，具体科目明细根据各阿米巴经营实际进行设计，要求成本列举要仔细清晰，便于针对性制定降本措施，实现节流降耗。

③ 费用。费用分为固定费用、变动费用和分摊费用。其中固定费用、变动费用是本巴直接产生的费用，编制过程中根据实际发生费用科目对应填报；分

表 7-2　最底层利润巴报表模型

一级科目	二级科目	三级科目（品牌-设计团队）	四级科目（市场类别）	五级科目（空间分类）	六级科目（产品）	1日	2日	…	31日	合计
收入	外部收入	设计团队1	内销	职员空间	职员台					
					职员椅					
				主高管空间	主管台					
					主管椅					
				其他配套						
			外销	职员空间	职员台					
					职员椅					
					职员柜					
				主高管空间	主管台					
					主管椅					
					主管柜					
					高管台					
					高管椅					
					高管柜					
				其他配套						
		外部收入小计								
	内部收入	设计方案收入								
		产品模型收入								
	内部收入小计									
收入合计										
支出费用	变动费用	计件人员工资								
		奖金								
		工伤医疗费								
		其他费用								
	变动费用小计									
边际利润（收入－成本－变动费用）										

续表

一级科目	二级科目	三级科目（品牌-设计团队）	四级科目（市场类别）	五级科目（空间分类）	六级科目（产品）	1日	2日	…	31日	合计
支出费用	固定费用	计时人员工资								
		社保费								
		福利费								
		其他费用								
		固定费用小计								
	巴外分摊	总裁办								
		集团财务中心								
		商学院								
		IT 信息中心								
		市场部								
		采购开发中心								
		分摊费用小计								
支出合计	（成本＋变动费用＋固定费用＋分摊费用）									
净利润	（收入－支出）									
人效	（净利润/人工总费用）									

表 7-3 预算巴报表模型

一级科目	二级科目	三级科目	1日	2日	…	31日	合计
支出费用	变动费用	计件人员工资					
		奖金（月度、季度、年度）					
		工伤医疗费					
		刀具工具费					
		公司修缮费					
		办公维修费					
		叉车维修费					
		机器维护费					
		生产低值易耗品					
		外贸 FOB 费用					
		外贸返利					
		国内返利					

续表

一级科目	二级科目	三级科目	1日	2日	…	31日	合计
支出费用	变动费用	样品返利					
		打样费					
		展会图册费					
		参展接待费用					
		运输费					
		售后费					
		叉车费用					
		快递费					
		差旅费					
		水费					
		电费					
		办公费					
		商业保险					
		接待费					
		市场推广费					
		产品研发费					
		招聘费					
		产品专利费					
		顾问咨询费					
		电话网络费					
		其他费用					
		变动费用小计					
支出费用	固定费用	非计件人员工资					
		社保费					
		福利费					
		厂房租金					
		机器设备租金					
		运输设备租金					
		办公设备租金					
		信息软件费					
		其他费用					
		固定费用小计					
费用合计		（变动费用＋固定费用）					

表 7-4 非最底层利润巴合并报表模型

一级科目	二级科目	三级科目	1日	2日	…	31日	合计
收入	外部收入	部门1外部收入					
		部门2外部收入					
		部门…外部收入					
		其他外部收入					
		外部收入小计					
	内部收入	部门1内部收入					
		部门2内部收入					
		部门…内部收入					
		其他内部收入					
		内部收入小计					
		收入合计					
支出成本	外部成本	部门1外部成本					
		部门2外部成本					
		部门…外部成本					
		其他外部成本（未分摊）					
		外部成本小计					
	内部成本	部门1内部成本					
		部门2内部成本					
		部门…内部成本					
		其他内部成本（未分摊）					
		内部成本小计					
		成本合计					
支出费用	变动费用	部门1变动费用					
		部门2变动费用					
		部门…变动费用					
		其他变动费用（未分摊）					
		变动费用小计					
边际利润（收入－成本－变动费用）							

续表

一级科目	二级科目	三级科目	1日	2日	…	31日	合计
支出费用	固定费用	部门1固定费用					
		部门2固定费用					
		部门…固定费用					
		其他固定费用（未分摊）					
	固定费用小计						
	分摊费用	部门1分摊费用					
		部门2分摊费用					
		部门…分摊费用					
		其他分摊费用（未分摊）					
	分摊费用小计						
	税金						
支出合计	（成本＋变动费用＋固定费用＋分摊费用）						
净利润	（收入－支出－税金）						
人效	（净利润／人工总费用）						

摊费用列举本巴所承担的费用发生巴巴名以及分摊给本巴的总费用。通过费用分类，就能做到细精化管控费用，针对性地进行费用差异化分析，进而减少不合理费用开支。

④ 税金。企业在经营过程中，会产生一些税金，如营业税、土地使用税等，这些税金就需要体现在阿米巴经营报表中，计入相应的阿米巴经营单元，以反映阿米巴经营业绩的真实性。

⑤ 效果分析。分析科目主要包括边际利润、净利润、人效，直接反映阿米巴经营状况，用于经营分析改善。

（2）其他层级非预算巴

其他层级非预算巴的报表构成和最底层非预算巴基本相同，唯一的区别是收入、成本、费用的三级科目不同，其他层级非预算巴三级科目由其直属的所有下一级巴巴名和相应二级科目组成，详见表7-4非最底层利润巴合并报表模型。

（3）预算巴

预算巴的经费报表一般由两部分内容构成。

① 变动经费。各预算巴在编制报表过程中，根据本巴实际发生的费用科目结合变动费用定义进行对应填报。

② 固定经费。各预算巴在编制报表过程中，根据本巴实际发生的费用科目结合固定费用定义进行对应填报。

预算巴的经费分类，便于本巴进行费用管控，避免经费超支。

二、阿米巴经营报表的作用

阿米巴经营报表由各阿米巴巴长根据本巴的经营实际，并按标准的会计报表模型编制而成，用于反映阿米巴的即时经营成效和改进经营业绩，从经营中来、到经营中去，对阿米巴做好经营管理和开源节流起着重要的促进作用。

1.非预算巴经营报表的作用

阿米巴经营报表清晰地反映本巴各项经营活动，巴长通过经营报表即可对经营过程进行"有的放矢"的管理。非预算巴经营报表作用主要体现在以下两个方面。

（1）反映经营业绩

经营报表不是在月末统计当月的订单、销售、经费等重要的经营信息，而是每天对各品类产品或服务销售、物料领用、设备使用、技术运用、人员调动等经营状况进行统计，并迅速将结果反馈给阿米巴成员。这样一来，通过详细的经营报表就能客观地反映本巴的经营现状和现场工作氛围。巴长只要审读经营报表，就能一一了解本巴的工作情况、部门的现状及面临的问题，不需要听任何人汇报。

（2）用于经营决策

阿米巴经营报表反映阿米巴经营现状和现场工作氛围，管理者通过经营报表能全面了解阿米巴各项经营活动和经营实际数据，并做出各项经营决策，让各项经营决策立足于翔实的数据基础之上。

① 人事决策。

a. 阿米巴经营模式下，各级巴长经营周期满后能否连任，同本巴的经营业绩挂钩。一般情况下，如果本巴连续两个经营周期（两个季度）业绩不达标，将取消其巴长连任资格。

b. 阿米巴经营数据同样用于本巴成员的职称晋级。本巴实际利润达成率是本巴成员职称晋级的一项重要指标，在阿米巴成员晋级过程中具有一票否决的作用。

②薪酬决策。阿米巴薪酬模式下,全员的薪酬都和经营业绩挂钩。薪酬不是固定的,而需要根据每个经营周期各阿米巴经营业绩达成情况进行调整。

③业务决策。阿米巴经营报表对公司各项业务或产品的收入、支出、盈利进行分类统计、核算,为公司制定业务或产品决策提供数据支撑。

2.预算巴经营报表的作用

阿米巴经营模式下,对预算巴的业绩考核主要有两个方面:一是为非预算巴提供产品或服务的质量,二是本预算巴的经费使用。

编制预算巴经费报表时,预算巴巴长需要每天对本巴发生的各项经费进行分类统计,清晰地反映本巴经费使用情况。由此一来,预算巴巴长就可以根据经营报表和本巴的经费预算对经费使用进行实时管理,避免经费使用超支。

第二节
阿米巴经营报表的编制

通过阿米巴经营报表的剖析,我们对经营报表有了更深入的认知,那么如何编制阿米巴经营报表呢?我们从经营报表的编制规则、阿米巴经营的会计核算、阿米巴经营报表的调整三个方面来解读阿米巴经营报表的编制。

一、经营报表的编制规则

经营报表的编制规则主要有以下六点。

1.经营报表编制责任者

经营报表编制责任者为各阿米巴巴长(部门负责人)。各阿米巴巴长根据本巴经营报表的模型,将每天的经营实际发生数据进行收集、录入,形成本巴的经营报表。直接参与经营的人对经营业绩数据认知更深,更适合编制本巴的经营报表。

2.经营报表编制时效

经营报表主要反映经营业绩和用于经营决策,对报表编制的时效性要求很高,需要每天对经营实际发生数据进行统计、核算,一般情况下生成经营日报表或经营周报表。

3. 科目的一一对应

经营报表的科目是根据各阿米巴实际经营活动进行相应分类、核算的项目，经营实际发生数据和经营报表会计科目是一一对应的。巴长在编制经营报表过程中，科目要一一对应，不能发生错位，以免造成数据统计错误，影响经营分析。

4. 数据的真实与准确

阿米巴经营报表是各阿米巴长根据本巴经营状况，对各品类产品销售、材料领用、设备使用、工艺改进、技术运用等经营活动产生的业绩数据一一进行统计、编制，报表数据是经营活动的真实再现，准确地反映了本巴各项业务活动结果的附加值。

5. 经营报表的层级性

阿米巴组织架构中，各阿米巴都处于相应的核算层级，这种层级决定了各阿米巴经营报表的属性，即经营报表是属于最底层还是上一层。阿米巴经营报表按层级逐级核算、合并，最终形成公司阿米巴经营报表。

6. 经营报表的受阅对象

阿米巴经营报表的受阅对象为本级阿米巴和上级阿米巴巴长，以及企业负责人和财务负责人。他们通过阿米巴经营报表能够及时了解企业和各阿米巴的经营状况，并应用报表中的数据进行经营决策。

二、阿米巴经营的会计核算

阿米巴会计核算是以货币为计量单位，运用专门的会计方法，对生产经营活动或者预算执行过程及其结果进行连续、系统、全面的记录、计算和分析，定期编制并提供阿米巴会计报表、阿米巴经营分析和其他一系列内部管理所需的会计资料，为作出经营决策和开展经营管理活动提供依据的一项会计活动。会计核算往往渗透到生产经营和业务活动的全过程，包括对经济业务事项的事前预测、事中控制和事后核算。《会计法》所规范的会计核算，主要限于事后核算方面的内容，即对基本的会计核算方法和程序作出规定，而没有过多涉及事前预测、事中控制等管理会计的内容，目的是增强法律规定的适应性。而阿米巴会计核算要涉及事前预测、事中控制和事后核算与分析，目的是增强对经营决策和风险预防的支持性。

1.阿米巴经营会计核算三级数据链

阿米巴经营会计核算有三级数据链:一级数据链为阿米巴经营日报表,二级数据链为会计科目,三级数据链为原始工作表单。三级数据链互相支持、相互印证,确保数据的可靠性和可追溯性,详见表7-5。

表7-5 阿米巴经营会计核算三级数据链

数据层级	载体内容	作用
一级数据	经营日报表	每天分析改善
二级数据	核算科目明细	列举明细科目
三级数据	流程工作表单	提供数据来源

2.阿米巴经营会计核算四项原则

在阿米巴经营会计核算过程中,要遵循以下四项原则。

(1)收付实现制原则

阿米巴经营核算过程中,首先要遵循的原则就是收付实现制原则:即对经营过程中已经支付的开支、变现的产品或服务收入进行统计、核算,未支付或变现的一概不作统计、核算。充分体现"以现金为基础经营"的经营会计原则。

例如:某销售巴3月1日同客户签订了100万元的销售合同,4月5日完成合同交付,并收到100万元货款,那么在进行经营日报表的编制时,销售巴3月1日是没有这部分收入的,而应该计入4月5日。另外,该销售巴为了尽快完成合同的交付和催缴款项工作,在3月6日、4月2日分别发生了一笔1000元的差旅费,直到4月9日才向财务报销,那么这2000元的差旅费就应该计入4月9日,而不是在3月6日和4月2日分别计入1000元。

(2)一一对应制原则

一一对应制原则讲究科目分类关系、权责发生关系和时间关系上的一一对应,不可在核算过程中发生错位和越位,以免影响报表的真实性。一一对应原则具体如下:

① 收入与成本/费用要一一对应。各阿米巴在获取收入的同时,就会支出一定的成本、费用,不可能凭空产生收入,因此收入和成本/费用是一一对应的。

此外,阿米巴经营模式下,各阿米巴之间进行内部交易,卖方产生收入,那么买方对应地产生成本或费用。

② 单据要一一对应。各阿米巴填报基础数据时，单据要一一对应，如订单、内部交易结算单、领料单等，不可将 A 单据的数据计入 B 单据，或是将昨天单据的数据计入今天的单据，或者将别巴的单据数据计入本巴单据。

③ 会计科目要一一对应。各阿米巴通过经营报表统计每天经营实际发生数据时，要一一对应至相应会计科目，切勿错误地将发生的费用计入成本科目，或者将收入科目计入支出科目等，否则就会造成本巴数据错乱，影响到关联巴的数据真实性，进而影响到当日的经营分析。

（3）客观真实原则

报表的编制、数据核算过程中，各级巴长都要严格按照阿米巴经营交易规则、核算规则进行经营业绩数据的统计、核算，不得弄虚作假，客观地反映经营活动创造的业务价值，保证每一个数据的真实性。

（4）公开透明原则

阿米巴经营报表要秉持公开透明原则，公司不得隐瞒与各阿米巴相关的经营数据，如产品售价、采购成本、采购单价等，让各阿米巴巴长真正"当家作主"，知晓本巴的"柴米油盐"价格，负责起本巴的各项经营活动；同时，各阿米巴巴长要将本巴的经营数据公示告知本巴全体人员，让全员知晓经营数据、感知经营，进而参与经营，实现人人都是经营者。

3.阿米巴经营会计核算逻辑

（1）会计科目之间的核算逻辑

① 阿米巴经营日报表要求巴长根据本巴每天的经营现状，对其收入、成本、费用等一一进行统计、核算。核算要遵循以下逻辑（图 7-1）。

图 7-1　阿米巴经营会计核算逻辑

② 会计科目核算内容及核算权责。收入科目主要核算阿米巴各项产品或服务对内、外销售金额；成本科目主要核算直接用于产品或服务本身的各项支出金额，如材料费、人工工资等；费用科目主要核算间接用于产品或服务本身的各项支出金额，如差旅费、招待费、办公费、预算巴分摊费等；利润科目主要核算本巴边际利润和净利润；人效分析主要核算本巴用人的投入产出效果。

各阿米巴巴长为上述各项科目核算责任人，其上级巴长和财务巴负责审核。

（2）各级阿米巴经营报表的逻辑关系

① 各级预算巴经费报表的逻辑关系。阿米巴经营模式下，预算巴在确保提供服务质量的情况下，对本巴经费使用情况负责。各级预算巴只负责做本巴独立的经费报表，控制好本巴经费使用；同时要确保本巴数据的准确性，为非预算巴费用分摊提供基础数据。

② 各级非预算巴经营报表的逻辑关系。阿米巴组织中各级非预算巴阿米巴经营报表应进行逐级核算，再层层合并形成公司（一级巴）经营日报表。具体为：最底层非预算巴编制本巴的基础经营报表，直接上一级非预算巴合并其所属的最底层预算巴报表，形成本巴经营报表……二级非预算巴合并其直管的各级非预算巴报表，形成本巴经营报表，直至公司（一级巴）合并其直管的各级非预算巴报表，形成公司经营报表，详见图7-2。

图7-2　各级非预算巴阿米巴经营报表核算逻辑

以下是华米咨询服务的一家企业（简称G公司）的阿米巴组织架构（图7-3）。根据各级非预算巴经营报表的逻辑关系，编制公司的经营报表时，先由最底层非预算巴——空间管理组、政策咨询组、工商注册组、综合业务组、会计一组、会计二组、会计三组、知识产权部、电商运营部编制本巴基础经营报表；

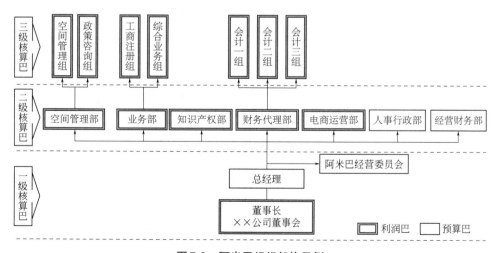

图7-3　阿米巴组织架构示例

空间管理部、业务部、财务代理部等二级非预算巴合并其所属三级非预算巴报表，形成二级阿米巴经营报表；最后公司进行空间管理部、业务部、财务代理部、知识产权部、电商运营部的报表合并，形成公司（一级巴）阿米巴经营报表。G 公司报表编制规范如表 7-6 所示。

表 7-6　G 公司经营报表编制规范

巴名	报表属性	核算层级	编制人
空间管理组、政策咨询组、工商注册组、综合业务组、会计一组、会计二组、会计三组	基础经营报表	三级	三级巴长
知识产权部、电商运营部	基础经营报表	二级	二级巴长
空间管理部、业务部、财务代理部	合并经营报表	二级	二级巴长
G 公司	合并经营报表	一级	一级巴长（总经理）

（3）阿米巴报表群及群规

企业未开发使用阿米巴经营报表 IT 软件系统时，一般都采用 Excel 工具表格制作经营报表。为了便于各阿米巴经营报表上报、审核以及管理者和各级巴长查阅报表，一般情况下，我们可以结合网络通讯技术，比如微信、钉钉等软件按照报表核算层级逐级建立阿米巴报表群并设置相关群规，规范报表编制、提报、审核以及数据保密等事项。具体操作如下：

① 最底层非预算巴直接上一级巴建立最低级阿米巴报表群，其所属各最底层非预算巴和预算巴将本巴报表提报至该群，以便上级巴长和财务人员审核；

② 以此类推，二级非预算巴建立二级阿米巴报表群，其直管各级非预算巴和预算巴将本巴报表提报至该群，以便二级巴长和财务人员审核；

③ 财务巴建立公司（一级巴）报表群，公司直管各级非预算巴和预算巴将本巴报表提报至该群，以便公司负责人和财务巴长审核。

如此会建立许多阿米巴报表群，就需要一张工作表将各级报表群的群员组成、报表提报人、提报时间、审核人以及有关群规一一列明，以便阿米巴报表群管理和工作检核。工作表模型见表 7-7。

三、阿米巴经营日报表的调整

1. 何时调整

阿米巴经营日报表不是一成不变的，而是随着企业的经营发展和分析需要不断调整，一般出现下列情形需要进行报表的调整。

表 7-7　阿米巴报表群相关规定模型

阿米巴报表群相关规定
1. 所有的日报表需经直接上级巴巴长审核后，本巴巴长才可以将报表发到群里。
2. 所有的月报表需经各阿米巴所在的二级巴巴长审核签字后，才可以提交给财务相关人员审计。
3. 所有报表(含合并报表)必须由本巴巴长编制，不可以委托和指定财务人员或者其他巴的成员编制。

序号	群名	群成员	报表编制人	日报表审核人	日报表提交时间	月报表审核人	月度财务审计人员
1	公司						
2	二级 A 巴						
	A 巴直属各三级巴						
	…						
	A 巴直属各最底层上一级巴						
3	二级 B 巴						
	B 巴直属各三级巴						
	…						
	B 巴直属各最底层上一级巴						
××	二级 ×× 巴						
	×× 巴直属各三级巴						
	…						
	×× 巴直属各最底层上一级巴						
群规	1. 群目的：按时提交阿米巴经营日报表和经费日报表。 2. 各阿米巴报表群的群主由对应的巴长担任。 3. 禁止发布与报表无关的内容，违者进行罚款，计入到公司收入。 4. 群员收到信息后要及时回复。 5. 本巴成员的增减由各阿米巴群主设置管理权限。 6. 各阿米巴成员需要对数据负保密责任，严禁外泄。否则，公司将视情况追究相应的责任。 7. 各阿米巴所有成员必须签订保密协议。 8. 所有经营数据报表的调整需要经过财务审核后方可生效。						

（1）本巴的会计科目出现变动时

会计科目是经营日报表的基础组成部分，在本巴的日常经营中，如果会计科目出现变动，那么阿米巴经营日报表也要进行相应的调整，以满足本巴经营的核算需求。

（2）公司的组织架构调整时

企业经营过程中，公司的组织架构进行调整时，随着阿米巴拆分或整合，经营日报表也要进行相应的调整；同时，本巴直属上一级非预算巴的经营日报表也要进行相应的调整。如图 7-4 所示，当 C 巴被拆分时，C 巴的经营日报表需要根据新的业务和职能定位进行调整；上级巴的经营日报表也需要进行调整，在做合并报表时，增加 C1 巴。

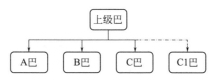

图 7-4　非预算巴组织架构调整示例

2.如何调整

① 最底层非预算巴根据本巴的经营核算和分析需要，重新设计会计科目（如何调整会计科目详见本书第三章），形成新的阿米巴经营报表。

② 其他层级的非预算巴根据组织架构调整情况，针对合并报表各三级科目进行相应的增减即可。

③ 预算巴如果会计科目出现调整，经费报表中将会计科目相应地进行调整即可。

3.调整程序

组织架构变动或者会计科目调整时，阿米巴经营报表需要随之调整。一般情况下，由公司财务部（财务巴）进行经营报表的初步调整，然后组织相关阿米巴讨论、确认，最终形成新的阿米巴经营报表供各阿米巴使用。各阿米巴不得擅自调整本巴的经营报表，以免影响关联巴经营报表数据提报和数据准确性以及财务巴对各阿米巴经营报表的审核。如图 7-5 所示。

图 7-5　经营报表调整程序图

第三节
阿米巴经营数据应用

阿米巴经营报表的作用在于通过各项经营性指标反映本巴经营状况，助力巴长及时应对市场变化，制定经营策略，对本巴经营作改善分析。

一、从报表看阿米巴经营

阿米巴经营报表中的各项数据是各阿米巴日常经营活动的真实再现，它具体直观地反映了各阿米巴经营的现状。我们在阅读报表内容和根据内容分析阿米巴经营情况时，还需要掌握一定的专业技能。特别是阿米巴巴长不能只会做报表，重要的是还要学会用报表。下面，我们从不同维度来分析怎样看阿米巴经营报表。

1. 横向看增长性

阿米巴经营报表中，每一行都是不同的会计科目以及对应的发生数据。我们可以对这些科目数据进行横向比较，分析它的增长性。一般情况下，取某一会计科目当月的数据按日绘成折线图，清晰、直观地将该科目每日的增长性展现出来，通过增长性来反映该科目对应业务活动的经营状况，然后从折线图中分别取最高的前三组和最低的后三组数据对应进行分析，找出经营改善点。收入类的科目，支出一定的情况下，数据越大越好；支出类的科目，收入一定的情况下，数据越小越好。

2. 纵向看结构性

阿米巴经营报表中，会计科目是逐级细分的，一级科目细分为二级科目，二级科目细分为三级科目，依次递推，直至细分为最低级科目。进行阿米巴经营报表分析时，我们可以根据经营分析具体需要取某一会计科目对其进行结构性分析，通过结构占比来判定其下一级细分科目的数据是否合理，进行相应的分析改善。

例如，我们针对变动费用进行结构性分析，就可以取一个时间段：一天、一周或一个月产生的各项具体变动费用，如运输费、招待费、差旅费、办公费等数据，绘成饼状图直观反映各项变动费用的结构占比，通过具体占比结合企业经营实际判定各项费用开支是否异常，进行差异分析。

3.综合看健康性

所有会计科目填报相应数据后,构成阿米巴经营报表基础数据,根据这些基础数据即可计算出本巴的边际利润、净利润、人效等经营指标,通过这些经营指标,就能对本巴经营状况进行综合分析,透视本巴经营健康性。

二、巴长的自我改善

巴长是阿米巴经营的第一责任人,其胜任能力对阿米巴经营业绩有着直接影响。阿米巴巴长需要在经营实践中不断查找不足,提升能力,自我完善。

1.巴长经营意识

巴长是阿米巴经营的带头人,巴长有了较强的经营意识,才能带领本巴人员创造更好的经营业绩。巴长经营意识主要包含营销意识、成本意识、费用意识、人效意识、利润意识等五大意识。下面我们具体谈一下如何通过阿米巴经营数据改善巴长五大经营意识。

(1)营销意识

营销工作的开展直接影响本巴的销售收入,巴长可以通过本巴经营报表的收入数据检讨营销工作实施。销售收入 = 销量 × 单价,当销售收入低于预期时,巴长就可以通过数据分析到底是销量上不去还是单价过低造成。如果是销量的原因,那么可以通过报表进一步查找是哪类产品,进而分析是产品不受欢迎还是市场推广不到位造成,以针对性地进行完善;如果是定价的原因,那么就需要进行市调并结合本巴实际成本重新定价。巴长拿到各项销售收入数据后,要进行深层次分析,透过数据发现营销工作中存在的问题,进行改善,进而不断提升营销意识。

(2)成本意识

成本是直接构成产品收入的支出,成本的高低直接影响产品的销售和利润,因此成本是巴长在经营过程中要重点关注的事项。阿米巴经营报表是根据各阿米巴每天的各项经营活动产生的业绩数据即时填报的,巴长就可以第一时间拿到本巴的经营报表,对本巴成本进行差异化分析:当成本高于预期时,就需要进行成本结构分析,找出是哪些成本过高,进而采取针对性的措施控制成本。

(3)费用意识

阿米巴开展经营活动时,不可避免地要支出各项费用,例如场地租金、设备折旧、运输费、差旅费、人员工资等,如此多的费用支出项,一旦控制不好,就会出现费用滥支、超支现象。阿米巴经营报表完美地解决了这一难题，报表科目将费用分为固定费用、变动费用、分摊费用，并按科目进行分类统计。这样，巴长可以通过阿米巴经营报表对费用进行差异化分析：当费用超出计划金额时，就进行费用结构分析，先找出是哪一大类费用（固定费用、变动费用还是分摊费用）超支，然后再找出该大类费用包含的具体细分科目加以控制。

（4）人效意识

阿米巴经营模式中，人效指企业每投入一元钱人工费用所产生的净利润。这一指标客观地反映了员工待遇和企业利益之间的关系。阿米巴经营模式是一种共创共赢的模式，企业利润丰厚而员工福利待遇低或者企业微利而员工福利待遇高都是不可取的，否则就会造成两种极端：一种是员工未享受到企业发展红利，积极性受挫；另一种是员工享受福利过高，侵蚀了企业发展资金，造成企业发展迟缓。因此，巴长在经营过程中，要有很强的人效意识，关注阿米巴经营报表的人效指标，处理好本巴效益和员工福利之间的关系，实现本巴和全体巴员共创共赢。

（5）利润意识

企业的最终目的是盈利，一个没有利润的企业就没有存在的意义。阿米巴经营模式下，企业的利润来自于各阿米巴，各阿米巴巴长需要有利润意识，带领本巴人员创造利润，进而分享创造的利润。巴长要每天看阿米巴经营报表，关注本巴是否有利润，如果没有就需要进行差异分析，看看是收入未达预期还是支出高于目标，进而进行针对性的改善。

2.巴长自我突破

对于巴长而言，对经营团队和经营业绩的主要关注点有三个方面：一是利润率，二是竞争力，三是凝聚力。巴长可以结合阿米巴经营数据，通过这三个方面实现自我突破。

（1）通过利润率进行经营能力的自我突破

利润率直接反映本巴的经营业绩，巴长可以通过利润率完成情况来检核本巴的目标分解、落实情况以及人员统筹安排是否合理，营销策略是否可行，资源使用是否高效等，通过检核找出自己经营能力的不足之处，加以改进，进而实现经营能力的自我突破。

（2）通过竞争力进行创新意识的自我突破

竞争力的核心来源是创新，竞争力最直接的体现是销量，进而反映为收入,所以说阿米巴经营报表的收入直接体现出了巴长在本巴产品或服务打造方面是否具备创新意识,使本巴产品或服务更具竞争力。因此,阿米巴经营数据可以帮助巴长通过竞争力进行创新意识的自我突破。

(3) 通过凝聚力进行德行修养的自我突破

一个没有德行修养的巴长,任人唯亲,处事不公,其带领下的团队就会一盘散沙,毫无凝聚力可言。相反,一个有德行修养的巴长,肯定能服众,进而带出一个非常有凝聚力的团队,人心所向,上下同欲,这样一个团队的人效就不低。因此,我们可以通过人效来判定团队是否具有凝聚力,进而通过凝聚力进行巴长德行修养的自我分析、突破。

经营业绩反映凝聚力,通过凝聚力进行巴长德行修养的自我分析、突破;而经营哲学直接提升经营业绩、增强凝聚力、促进巴长德行修养的自我突破。稻盛和夫先生曾经讲过"'经营不能没有哲学',经营哲学和公司的业绩是并行的关系:想要拓展经营,首先必须要'提高经营者自身的心性'。"由此可见,经营哲学和经营业绩相辅相成,巴长践行经营哲学,宣贯经营哲学,就能拓展经营,提升本巴经营业绩,增强团队凝聚力,促进德行修养的自我突破。

三、阿米巴经营分析

一个经营周期结束,公司要定期召开经营分析会即阿米巴巴长述职会,针对阿米巴经营报表进行分析,找出不足,加以改善,进而提升下一经营周期业绩。那么如何运用阿米巴经营报表进行经营分析呢?下面我们对此做具体的介绍。

1.编制经营分析报告

各阿米巴结合本巴的经营报表编制经营分析报告。不同形态的阿米巴,重点分析事项不尽相同,经营分析报告的内容自然也有所不同。由于利润巴、成本巴、资本巴的经营分析报告内容大致相同,本节就只阐述利润巴、预算巴经营分析报告的编制。

(1) 利润巴经营分析报告

利润巴经营分析报告重点关注本巴利润完成情况,各项成本、费用使用情况,在此基础上进行分析、改善,提升下期经营业绩。一般情况下,利润巴的经营分析报告主要包括以下五个方面的内容。

① 本期经营目标总体完成情况。简述本巴本期经营目标完成情况和本期经营工作成效,具体模型详见表7-8和表7-9。

表 7-8　经营目标总体完成情况统计表模型

收入目标	年度预算（本期）	本期实际	差额（+/−）	环比（+/−）
利润目标	年度预算（本期）	本期实际	差额（+/−）	环比（+/−）

表 7-9　本期经营工作成效统计表模型

重要工作	1. 2. …
常规工作	1. 2. …
协助工作	1. 2. …
说明	1. 2. …

② 本期经营报表分析与改善。本期经营报表分析与改善包括七大内容：

a. 编制本巴经营数据整体走势图；

b. 对本巴本期收入的优劣势分析；

c. 下期本巴收入增长改善（如何创造收入增长点）；

d. 本期成本/费用分析；

e. 下期成本/费用改善（如何降低成本/费用）；

f. 本期利润总体分析；

g. 本期基于利润的人力资源效用指标分析。

③ 下期经营目标及重要工作。

a. 列举下期经营计划目标，详见表 7-10。

表 7-10　下期经营计划目标统计表模型

收入目标	年度预算（下期）	上期实际	下期计划	备注
利润目标	年度预算（下期）	上期实际	下期计划	备注

b. 列举下期重要工作计划，详见表 7-11。

表 7-11　下期重要工作计划统计表模型

本巴重要工作	
跨巴协助工作	

备注：

④ 本期巴员分红（奖金）兑现情况：

a. 公布本巴超额利润分红金额，如包含下级巴要单列其分红金额，同时列出超额利润分红计算过程；

b. 公布本巴巴员分配系数以及本巴特殊奖励情况。

⑤ 对公司/跨巴的需求与经营改善建议。列举对公司/跨巴的需求和经营改善建议。

（2）预算巴经营分析报告

预算巴经营分析报告重点关注本巴重要工作完成情况，对各利润巴的服务支撑事项是否落实到位，以及本巴经费使用情况。一般情况下，预算巴的经营分析报告主要包括以下四个方面的内容。

① 本期工作完成效果总结。简述本巴职能工作完成情况（详见表 7-12）和对跨巴协助工作完成情况（详见表 7-13）。

表 7-12　职能工作完成情况统计表模型

	工作项目	达成效果
重要工作	1. 2. ……	
常规工作	1. 2. ……	

备注：

② 本期经营数据分析与改善。本期经营数据分析与改善主要包含三大内容：

a. 本期费用使用情况，模型详见附表 7-14；

表 7-13　跨巴协助工作完成情况统计表模型

巴类	工作内容	达成效果
各阿米巴	1. 2. …	
公司	1. 2. …	
备注：		

b. 下期费用改善点；

c. 本期管理性目标完成情况，模型详见附表 7-15。

表 7-14　本期费用使用情况统计表模型

序号	费用科目	预算值	实际值	差额	备注
1					
2					
3					
…					

表 7-15　本期管理性目标完成情况统计表模型

序号	目标名	单位	计划值	实际值	差额	未完成原因
1						
2						
3						
…						

③ 下期经营目标及重要工作。下期经营目标及重要工作主要包括三大内容：下期经营费用目标，下期经营管理性目标，下期经营重要工作计划。

④ 对公司/跨巴的需求与经营改善建议。列举对公司/跨巴的需求和经营改善建议。

2.定期经营述职

有了基础资料——阿米巴经营报表和阿米巴经营分析报告，就可以进行巴长经营述职。那么如何进行巴长经营述职？公司针对巴长经营述职组织召开专项经营分析会议，会议从五个方面着手，确保经营述职效果。

（1）明确会议内容

① 各阿米巴经营期间的经营效果总体分析；

② 各阿米巴经营期间"阿米巴经营日报表"的量化分析；

③ 各阿米巴经营业绩差距寻找及改善对策；

④ 必要时，阿米巴经营规则和预算调整；

⑤ 公司经营重点事项安排和各阿米巴重要事项协调；

⑥ 各阿米巴经营期间的分红或奖励分析、奖励兑现。

（2）确定会议方式

阿米巴经营分析会议为季度会议，即每季度召开一次。具体安排见表7-16。

表7-16 阿米巴经营分析季度会议安排表模型

会议类别	时间	地点	主持人	参加人员
季度经营分析会议	次季首月首周	公司会议室	董事长（或其他授权人）	各阿米巴长、公司主管及以上管理人员、员工代表
备注	如遇特殊情况，开会时间需要变更时，以另行通知为准			

（3）规定会议要求

① 季度会议的会务准备由公司人事部门负责，工作汇报准备由各阿米巴巴长负责，并用公司统一的格式（如PPT）文本；

② 季度会议各参会巴长需要准备二份资料："阿米巴经营分析报告（PPT版）"、"阿米巴经营日报表"；

③ 会议主持人要进行开会中的过程控制，引导发言人的发言内容不偏离议题，并在预定时间内作出结论；

④ 参会人员都应专心聆听发言，不可随意打断他人的发言，不能中途离席；

⑤ 参会人员应主动按时参与会议，不得无故迟到或缺席；如有特殊原因不能参加会议，须在会议前2天内向主持人请假，同时安排职务代理人参会并汇报；

⑥ 参会人员必须严守会议纪律，保守会议秘密，在会议决议未正式公布之前，不得泄露会议内容；

⑦ 参会人员要在至少开会前一天向会务负责人提交"阿米巴经营分析报告（PPT版）"和"阿米巴经营日报表"；

⑧ 主持人应该把整理出来的"阿米巴经营会议纪要"于会议结束时交给全

体参会人员表决确认，并于会议结束后第二天下发给每一位参会人员，表7-17为"阿米巴经营会议纪要"模型。各阿米巴巴长要对会议决议的执行进行跟踪检查；

表7-17 阿米巴经营会议纪要模型

会议主持人：		记录人：		签发人：
会议名称：阿米巴经营季度分析会		本次会议时间：		
		本次会议地点：		
参会人员：				
对阿米巴的经营改善要求				
巴名	改善内容			提出人
会议决议形成				
决议事项	完成责任人			时限要求

⑨ 如果是公司层面的会议决议任务，会议上主持人要总结和点评上次会议各阿米巴对会议决议的执行情况。

（4）规范会议议程

① 会议开始：签到及纪律检查，主持人宣布会议纪律，团队精神展示；

② 各阿米巴长进行本巴经营汇报和经营改善分析；

③ 各阿米巴长和参会人员对跨巴经营质询，提出经营改进意见；

④ 经营财务巴汇报公司整体经营情况及所属各阿米巴经营业绩结果和奖励兑现；

⑤ 主持人和各阿米巴长对各阿米巴经营质询、会议提出的相关事项做总结确认；

⑥ 阿米巴分红（奖金）获得者发表感言和分享经营经验；

⑦ 阿米巴经营委员会主任（或其授权人）做重要事项协调与安排；

⑧ 会议主持人对整理出的"阿米巴经营会议纪要"交参会者表决确认；

⑨ 会议主持人对下次会议的提示安排。

（5）确保会议效果

① 会议由人事部门负责人进行会议记录，并对与会人员违规行为进行记录、考核，并纳入人事考核内容。

② 没有列入会议议程的临时事项，原则上不在会议上讨论，但因紧急而又一时无法达成一致意见或无法确定成熟方案的议题，由人事部门负责人会后择时组织召开专题会议。

③ 会议决议中的公司重要事项由公司指定专人负责检查追踪，各阿米巴长和相关人员必须配合，公司对各阿米巴会议决议的执行效果纳入任职考核。

四、基于经营数据的经营决策

阿米巴经营模式下，数据是经营的指南针。根据阿米巴经营实际统计、核算的基础数据为经营者各项决策提供数据支撑，让经营者不再迷茫，不再拍脑门做决策。正如稻盛和夫先生所说："如果把经营比喻为驾驶飞机，会计数据就相当于驾驶舱仪表上的数字，机长相当于经营者，仪表必须把时时刻刻变化着的飞机的高度、速度、姿势、方向正确及时地告诉机长。如果没有仪表，就不知道飞机现在所在的位置，就无法驾驶飞机。"

1.阿米巴用人决策

巴长的任免是公司重要的用人决策，为了选聘合适的巴长，公司制定"巴长选聘管理办法"进行巴长选聘，同选聘出的各级巴长签订经营协议书，结合本巴经营业绩对巴长任免及淘汰条件设限。每一个经营期满后，公司根据各阿米巴在经营期内的审计结果并结合"阿米巴经营协议书"中的约定或公司阿米巴人才发展管理机制中的相关规定对巴长进行任免或淘汰处理。

巴员的职称评定同样和阿米巴经营数据密切相关。阿米巴人才机制下，本巴实际利润达成率是各岗位职称晋级的主要条件之一：只有本巴实际利润超额完成目标利润达到一定比例，巴员才具备职称晋级资格。

因此，阿米巴经营业绩数据是公司用人决策的重要参考指标。

2.阿米巴薪酬调整决策

传统模式下薪酬调整主要是公司每年按照一定比例进行普调或者个人申请调薪，调薪的依据多是感性指标，无法量化。每到调薪时，公司和人事部门就感到为难、委屈。调薪前给谁加、加多少，没有一个明确、量化的标准可以执行；调薪后员工怨声载道——未加薪的抱怨上级不公、暗箱操作；加薪的抱怨公司抠门、涨幅太小。

阿米巴经营模式下，全员薪酬由三部分构成：岗位价值工资＋目标奖金＋超额利润分红，三者皆和本巴经营业绩挂钩、设置量化指标（详见本书第八章），有效规避了传统模式下调薪的种种弊端。

岗位价值工资的调薪、目标奖金的计算及发放、超额利润分红的计算及发放在此不做细讲，详见笔者另著《中国式阿米巴经营模式之人才机制操盘策略》。

3.阿米巴业务调整决策

阿米巴经营报表不是月末对经营结果进行汇总、统计，而是每天对本巴经营业绩数据进行统计、核算。巴长和管理者拿到经营报表后就能准确掌握各项经营业绩数据，时刻把握计划的进展情况，一旦产品订单、销售金额及产品交付等计划拖延，巴长和管理者就能迅速制定相关决策使计划顺利完成。另外，如果经费开支超出了经费目标，巴长和管理者也能迅速采取措施严格控制支出。通过每天检查阿米巴组织的核算情况，可以迅速做出经营判断，制定各项业务决策，保证阿米巴经营目标的顺利完成。

此外，阿米巴经营数据可以作为制定年度经营计划、部门年度经营执行计划及日常经营决策的重要参考资料，供巴长和管理者进行参考，避免决策失误。

第八章
CHAPTER EIGHT

阿米巴经营模式在企业的推行

阿米巴的推行既是"一把手工程"也是"全员性工程"。对企业整体作用是开源节流和降本增效，对员工个体作用是改变心性和开发潜能。各方面工作要做足做实，各方面问题要处理得当，各类必要的激励政策和机制要预先建立，让员工知道做阿米巴对公司和自己到底有什么好处或利益，这样阿米巴经营才能在公司稳步推行。既要从制度上规范又要从人性上把握，既要保障公司利益又要激发员工热情。因此，公司导入阿米巴经营模式是对公司和全员的一次全面考验与检核。这当中，系统全面的思考和合理有效的方法是阿米巴经营能否成功的保障。

第一节
营造积极的组织环境

一、"一把手"参与

阿米巴经营模式对传统管理模式的变革，对公司来说是一次大挑战，需要公司领导拿出"壮士断腕"的勇气，离不开公司一把手的参与并身体力行的支持。尤其是观念的问题，这是多数企业实施企业变革的障碍和绊脚石。因此，推行阿米巴首先要将阿米巴经营的理念引入各单位一把手的观念之中，让一把手知道阿米巴能否推进以及是否顺利，并将其确定为第一责任人。只有将其责任加以明确，一把手才会重视并给予支持。有了一把手的支持，才能有效宣传、引导全体员工，逐步建立企业阿米巴经营体系。

1.企业一把手在阿米巴推行中的职责

企业一把手在阿米巴推行中负有以下职责：
① 认同阿米巴是一把手工程；
② 主持阿米巴动员会、协调会；
③ 参与阿米巴高层培训会；
④ 参与阿米巴方案研讨会；
⑤ 批准阿米巴方案并检查方案的执行；
⑥ 对下属经理进行效果沟通和考核。

2.企业一把手在阿米巴推行中常犯的错误

企业一把手在阿米巴推行中常犯的错误有：
① 口头支持阿米巴，但没有实际行动；
② 对阿米巴工作的关注度和投入度不够；
③ 狭义地将短期效果理解为成功，追求短期利益。

阿米巴经营模式是一个完整的企业运行系统，涉及企业战略、商业、经营、财务和业务的重要事项决策和数据化系统建设，是一把手非参加不可的。企业一把手有责任和义务亲自参与阿米巴推行的全过程，亲自督导企业员工各项阿米巴工作的推进和方案的执行。

二、改变组织形态

组织变革是阿米巴经营实施的前提，把组织形态从原来的管控型（被动）转变成为经营型（主动）的独立核算型组织，是阿米巴经营的必要条件。只有组织形态变化了，推行阿米巴的下列条件才有可能产生。

① 量化分权：推行阿米巴必须把经营权进行分解下放，不再是老板包办；

② 独立核算：企业各个经营体单独对自己的经营绩效负责，不再吃"大锅饭"；

③ 定价交易：各经营单元通过内部定价交易来进行价值传递，不再是完成任务了事；

④ 风险共担：组织细分后，真正能承担责任与风险的人越来越多，风险自然会减少。

（有关组织变革的详细内容见笔者另著《中国式阿米巴经营模式之组织划分操盘策略》）

三、建立内部信任

阿米巴要在企业顺利推行，建立企业内部的信任关系是必要的。作为企业负责人，要相信员工的能力，有企业发展需要依靠员工智慧的姿态和胸怀。正如管理学中常言：企业"没有无用之人，只有没用好之人。"同样作为员工，必须抱有自己的努力和智慧关系到企业、客户甚至自己的长期利益的信念。工作是为自己，而非为他人。只有这样才能实现全员参与式的经营。无论是经营者还是员工，必须把经营建立在互相信任的基础之上，这也是实现阿米巴经营的最基本的条件。如果缺乏这一条件，就无法把一些重要的经营信息公布给员工共享。在一种总是担心企业信息遭到泄露的疑神疑鬼的状态下，是无法实现全员参与式经营的。员工不是单纯用来利用的工具，而是经营共同体中的一员，领导人必须要有这样的姿态。

第二节
抓好四项基础工作

一、数据的严谨

如果你的报表一个月出一次，你一年只有 12 次改进机会。

如果是一周出一次报表，你有 52 次改进机会。

如果是每天出报表，你就有 365 次改进机会。

如果你有及时正确的数据预警报表体系，你就时刻在改进。

这就是阿米巴经营模式所追求的功效，而达到这种功效的首要条件就是数据的严谨。战略需要数字作依据；细节需要数字作说明；管理需要数据作评估；经营需要数据作指南。

阿米巴经营要求数据是严谨的，即数据是准确和及时的。如果做不到这一点，阿米巴经营就无法真正发挥作用。保证数据严谨的关键，一是经营者严肃认真的态度，对待数字必须要有严谨、追究到底的精神；二是企业有完整的数据链流程，各部门严格按流程收集和反馈数据；三是全员有数据意识，对数据负责任，杜绝弄虚作假之事。

二、数据的反馈

阿米巴经营是一种让现场员工根据数字做出判断、采取措施的制度，是一种根据现场发生的数据进行及时归类总结与改进不足的模式，要求及时把数字反馈给现场。每一个阿米巴经营体需要每天对经营过程中发生的收入、成本和费用按规则进行记账，制作阿米巴经营日报表。如果没有数据的支持，这项工作就无法完成。因此，各个经营体必须及时把数字反馈给有需要者，使阿米巴经营正常运行。如果等到一切无法挽回的时候，再把数字反馈给现场需要者，那数字就失去了它最有效的作用。所以，数据的反馈在阿米巴运行中是重中之重的工作，每一个人、每一个组织单元都负有不可推卸的责任。因此，阿米巴交易规则中的"阿米巴数据时效规则"的执行尤为重要。

三、核算的管理

阿米巴经营体制下,企业财务核算是财务管理的核心工作之一。财务核算管理是企业的数据管理工作,做好数据管理工作是保证阿米巴正常运转的重要手段。随着工业时代快速发展,很多企业的管理无法跟上时代的步伐。企业的设备更新换代,企业的人才不断增加,企业的业务不断发展,但是企业的财务核算管理并没有改变,还是沿用老一套的事后统计管理方式管理企业,这根本满足不了阿米巴经营的核算需要。

由于企业负责人普遍实行决策集中制,对于财务部门的财务核算工作并不专业,但又进行干涉,事事亲为,导致财务部门无法独立开展财务核算工作。这是企业负责人缺乏内部审计职能建设意识的表现,容易导致企业内部审计的缺失和内部控制的不完善。内部审计是内部控制的重要组成部分,而内部控制是良好的财务核算的基础,如果没有这一前提,那么企业的财务会计核算就不能得到很好的控制。企业没有财务会计核算的支持,将无法让阿米巴经营真正发挥作用,阿米巴经营也就浮在表面上。因此,企业引入阿米巴经营模式,必须要进行财务核算的创新。

1.进行观念创新

当前,我国的企业财务核算改进不单单是技术手段的提高,还包括企业领导方式、企业文化、企业组织结构、业务流程和考核程序发生变革的过程。因此,目前许多企业对自身所做的信息化过程、构建的 ERP 信息管理系统,需要与企业管理制度的创新一起进行,使技术创新与体制创新同步进行,相互促进。企业进行信息化建设的过程,也是革新企业制度的一个重要契机。企业只有在改革自身信息化技术的同时,加强对自身管理制度的创新,才能有效提高企业财务管理水平。在企业改革和阿米巴组织变革的过程中一定要注意对风险的控制,完善企业的风险控制措施。

2.引入现代信息技术

信息时代发达的今天,企业 ERP 系统和相关财务软件已经在大多数企业中得到广泛应用。不过这些系统的存在很多是用来完成公司层面的数据集成与应用,还未细化到能支持阿米巴多层级核算的功能。在导入阿米巴运行的前期,可以通过一般电子表格的形式进行报表的制作和数据的分析,这个周期大概可以延续一年，这一年之中也是让各级阿米巴核算人员充分体验和掌握核算技术并强化数据观念的一年。随着各级核算人员工作业务的熟悉以及阿米巴经营的发展，企业深化原有信息系统的改进和相关核算层级的完善是非常必要的，它可以提高工作效率和决策效率，实现信息的充分共享，及时满足各阿米巴对数据信息需要的支持。

四、全员的培训

员工培训，是企业人力资源管理与开发的重要组成部分和关键职能，是人力资源资产增值的重要途径，也是企业组织效益提高的重要途径。阿米巴经营模式在企业导入，需要形成统一的认识，需要全员发自内心的参与，需要培养利他共赢的精神，需要有坚强的经营意志等等，而这些都与全员的培训教育分不开。也可以说，如果忽视了对员工的培训教育，阿米巴在企业推行将很乏力。

1. 阿米巴实学培训

这种实学培训包括阿米巴的知识、专业、操作以及工具应用的培训，要通过培训让全体员工都知道阿米巴的原理和作用，以及阿米巴经营为企业和自身带来的好处。实学的培训还包括阿米巴组织对企业变革带来的影响与效果，阿米巴数据化管理对员工的要求，以及阿米巴自主经营、独立核算给企业与员工带来的变化。通过培训，上下形成方法共识、目标共识和行动一致。

2. 阿米巴哲学培训

稻盛和夫说："经营不能没有哲学。"哲学是一个企业长期以来形成的共同的价值观和方法论，也是阿米巴经营特有的思想和理念，以及阿米巴经营的原则和依据。每一个员工必须了解阿米巴经营的"六项精进、经营十二条、会计七原则"的内容与作用。只有将阿米巴的理念和思想深入到全员之心，阿米巴的导入与运行才有持续的动力。

3. 建立学习型组织

学习型组织是现代企业管理理论与实践的创新，是企业员工培训开发理论与实践的创新。企业要想尽快建立学习型组织，除了有效开展各类培训外，更主要的是贯穿"以人为本"提高员工素质的培训思路，建立一个能够充分激发员工活力的人才培训机制。

第三节
科学激励及时兑现

一、没有激励，做不好阿米巴

对一个企业来说，对员工进行科学的激励至少具有以下几个方面的作用。

1. 吸引优秀的人才

发达国家的许多企业，特别是那些竞争力强、实力雄厚的企业，通过各种优惠政策、丰厚的福利待遇、快捷的晋升途径来吸引企业需要的人才。

2. 开发员工的潜能

美国某人才研究机构在员工充分发挥其才能和智慧对员工激励的研究中发现，按时计酬的分配制度仅能让员工发挥 20%～30% 的能力，如果受到充分激励的话，员工的能力可以发挥出 80%～90%，两种情况之间 60% 的差距就是有效激励的结果。管理学家的研究表明，员工的工作产生绩效是员工能力和受激励程度的函数，即绩效 $=f$（能力 × 激励）。如果把激励制度对员工创造性、革新精神和主动提高自身素质意愿的影响考虑进去的话，激励对工作绩效的影响就更大了。

3. 留住优秀人才

每一个组织都需要三个方面的绩效：直接的成果、价值的实现和未来的人力发展。缺少任何一方面的绩效，组织注定非垮不可。因此，每一位管理者都必须在这三个方面均有贡献。在三方面的贡献中，对"未来的人力发展"的贡献就来自激励工作。

4. 造就良性的竞争环境

科学的激励制度包含有一种竞争精神，它的运行能够创造出一种良性的竞争环境，进而形成良性的竞争机制。在具有竞争性的环境中，组织成员就会受到环境的压力，这种压力将转变为员工努力工作的动力。正如麦格雷戈所说："个人与个人之间的竞争，才是激励的主要来源之一。"在这里，员工工作的动力和积极性成了激励工作的间接结果。

5.推动阿米巴经营的发展

中国式阿米巴与稻盛和夫日式阿米巴的最大不同，就在于中国式阿米巴是在充分研究分析中国国情、文化及员工特点的基础上形成的一套"统、分、算、奖"的经营模式，它把对员工贡献的评价和公平公正的报酬分配相结合，激发员工持续的工作热情和自动自发的潜力挖掘，进而使阿米巴经营持久产生效果。如果没有对员工的激励机制，阿米巴经营就很难在中国企业落地生根并产生效果。

二、阿米巴激励机制的设计

人的行为受两大动力体系的驱动。一是"自我动力"，二是"超我动力"。这两大动力的平衡关系，决定了人的行为方向。企业对人的管理，就是想办法将两大动力维持在较高的水平并共同指向企业目标。

"自我动力"的启动，主要靠个人利益的吸引。具体方式就是提供三个激励：职业（成长）激励、报酬激励、贡献激励。

"超我动力"的启动，主要靠企业目标、事业理想、企业精神、核心理念与价值观。用目标、理想、价值观对员工的激励主要依靠领导行为和企业文化的作用。每一个阿米巴巴长都是一个"老板"、都是一个事业带头人、都是一个精神领袖。他们的一言一行都对员工产生影响。所以稻盛先生所说：经营者"要有坚强的意志，要满怀强烈的事业心，要燃起斗志拿出勇气做事"。只有这样，经营者才能起到对员工的引导和激励作用。

自我和超我的强度对于不同的员工是不一样的。一般来说，受教育程度高的员工的超我强度要高于一般员工；但几乎所有员工都有自我动力。企业应该有稳定和系统的激励政策启动和发展企业成员的自我动力，主要是对以下三个方面的激励设计。

1.职业发展激励的设计

无论对员工还是对公司而言，职业发展管理都至关重要。公司给每位员工提供施展自己才能的舞台，伴随企业的发展和壮大，让每一位员工实现自己的人生价值。将个人的职业生涯发展规划和公司的发展相结合，为员工设计纵向发展、横向发展、多重阶梯的职业发展道路是公司人才管理的重要手段。

员工职业发展激励主要有两个方面：一是职业晋升；二是竞争上岗。

（1）关于职业晋升

员工职业发展路径包括纵向职级晋升和横向跨职类发展。通过纵横向发展，员工可获得更多晋升与发展的平台和机会。

纵向发展：纵向发展主要是指公司内部职级的晋升路径。在上级职位出现空缺或员工个人能力获得较大提升时，公司结合员工本人能力特点和公司对人才需求的状况，帮助员工规划个人发展方向。管理人员沿管理通道发展，可让员工享有更多的参与决策制定的权利，同时也需承担更多责任；专业技术人员可以沿项目管理或技术通道发展，可让员工具有更强的独立性、更高的专业能力，同时拥有更多从事专业活动的资源。

横向发展：员工除了在本岗位类别内按照岗位层级的要求晋升外，对不同岗位类别，考虑到员工的不同发展意愿，公司可提供跨类别发展的机会，主要以内部调配与内部竞聘方式进行晋升或调岗。

如图 8-1 所示，为某公司员工职业发展通路设计。

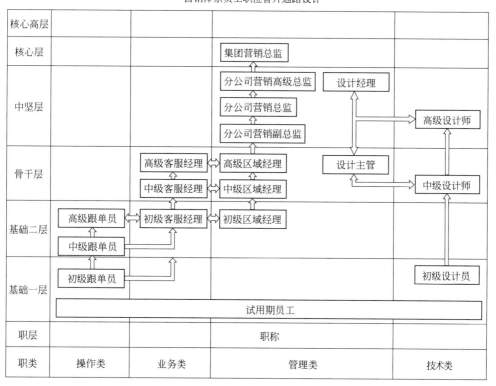

图 8-1　某公司员工职业发展通路设计

（2）关于竞争上岗

为了给每一个员工同样的发展机会，充分满足企业人才的个人成长需要，阿米巴经营模式一般采用竞争上岗的机制，以对人才进行优选优用。而这一机制的使用先从巴长的选聘开始。

企业根据战略和经营需要，将组织分成若干个独立经营的单元，每一个经营单元都需一个"老板"，这个"老板"必须符合以下基本条件。

① 公司工作试用期满的在册员工；
② 认同公司文化、价值观、经营理念，无相关违背记录；
③ 理解公司战略，有一定的战略导向及全局观念，有较好的统筹及督导能力；
④ 具有相关岗位工作经验和较好的经营意识与工作能力；
⑤ 有强烈的上进心和事业心，愿追随公司一同发展。

满足以上基本条件的所有员工都可以参加各级阿米巴巴长的竞选，甚至包括总经理在内。

竞聘一般依照下列原则。

① 公平竞争原则：竞聘活动采取公开的形式，竞聘者公平参与竞选。
② 能力导向原则：竞聘将重点优选有激情、有一定能力、有创新意识以及开拓精神、敬业精神且敢于承担责任的人。
③ 择优录用原则：通过竞聘评委的现场评审，结合群众测评结果，进行综合评价，择优录取。

对参选人竞聘的考核包括以下内容。

① 个人基本情况（如：工作经历、过往业绩、优缺点、特长）；
② 如何做好所竞聘巴巴长（如：如何担当责任、如何开展本巴工作等）；
③ 如何在所竞聘巴贯彻执行公司战略及年度经营计划。

2.薪酬激励的设计

员工岗位价值薪酬设计目的是为了吸引人才、留住人才和激发工作热情。

岗位价值薪酬作为价值分配形式之一，遵循公平性、竞争性、激励性、经济性、合法性的原则。

公平性指公司员工薪酬水平要与当地行业或同等规模的企业类似职务的薪酬基本相同；员工所获得的薪酬应与对企业作出的贡献成正比。竞争性是指在社会与人才市场中，公司的薪酬标准要有吸引力。激励性是指在公司内部各职系、各级职务的薪酬水准上,根据岗位价值适当拉开差距,真正体现薪酬的激励效果,从而提高员工的工作热情。经济性指薪酬水平要考虑公司实际能力的大小。合法性指公司的薪酬制度必须符合现行的法律。

岗位薪酬设计按照三大价值导向、三大基础工程、三大设计技术进行科学系统的设计,如图8-2所示。

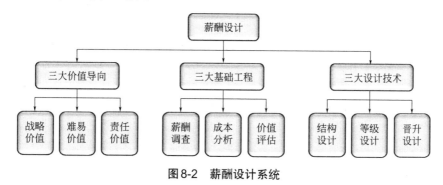

图8-2 薪酬设计系统

(1) 岗位价值评估

岗位价值薪酬设计时,事前要对岗位的价值先进行评估。评估的维度为三个:战略影响、责任大小和难易程度。公司成立评估小组对每一个岗位按照既定的三个维度的评分标准进行评分,然后取小组平均分计算每一个岗位的标准价值分值。表8-1是岗位价值评估表模型。岗位价值评估是一项系统专业的人力资源管理工作,关于岗位价值评估详细方法请读者参阅作者另著《中国式阿米巴经营模式之人才机制操盘策略》。

表8-1 岗位价值评估表模型

阿米巴岗位价值评估表											
序号	一级巴	二级巴	...	岗位名称	定编	评估要素与要素分值			价值分值	价值分值区间	职等归类
						战略影响	责任大小	难易程度			
1											
2											
...											

(2) 薪酬调查和成本分析

薪酬调查是薪酬设计的重要环节,它为企业的薪酬定位提供重要的劳动力市场的薪酬数据。薪酬调查的一般程序是明确薪酬调查的目的、内容和调查对象；进行职位描述；选择基准工作；设计薪酬调查问卷；寄发并收集调查问卷；统计和分析调查结果；综合分析内部岗位价值结构和外部市场工资水平等。影响企业薪酬定位的因素较多，其中最重要的是企业的竞争战略选择。

公司人力资源部薪酬专业人员在花时间精力做薪酬调查之前必须首先考虑的问题是：企业希望从薪酬调查中得到什么？是企业自我进行还是借助外力进行薪酬调查？

只有借助薪酬市场数据的调查与分析才能实现薪酬外部竞争力，从而达到企业吸引并留住人才的目的。由于人才是企业获取核心竞争优势的源泉所在，对于要建立竞争优势的企业而言，薪酬的市场竞争力可以帮助企业获得有竞争优势的优秀员工。但是如果薪酬水平过高，则既会阻碍公司产品的市场灵活性（因薪酬是产品成本的一部分），也会限制企业在人力资源其他方面的投入，如培训、开发（因为预算总是有限的）；而薪酬水平过低则会不利于公司对人才的吸引和保留。解决二者之间平衡关系的现实方法就是借助薪酬数据的调查与分析。因此，薪酬调查数据既有利于薪酬专业人员解决组织薪酬的外部公平问题，又有利于组织有效地控制人力成本的投入。

一般的薪酬调查结果都应该报告薪酬的平均数、25P、50P、75P。所谓25P、50P、75P就是指，如果调查了100家公司，将这100家公司的薪酬水平从低到高排序，25P、50P、75P分别代表排名第25位、第50位、第75位的薪酬水平。我们通过检查平均数、25P、50P、75P的关系，可以对调查结果有一个初步的了解。一般情况下，平均数和50P应该比较接近，25P与50P的差别应该与75P与50P的差别比较接近。如果其差距超过5%时，就应该认真检查有关的统计数据，以保证这种偏差不是由于数据搜集和统计处理等人为因素所造成的，再看看这些偏差是什么原因所导致的。

根据企业的经营效益进行薪酬的成本测算，把薪酬增长与利润增长挂起钩来是阿米巴薪酬设计的原点。企业只有利润增加了，薪酬才能增加，这样就可以避免人工涨了但企业亏了的现象发生。

（3）薪酬的设计

薪酬体系的重要作用是向员工传达了在组织中什么是有价值的，并且为向员工支付报酬建立起政策和程序。一个设计良好的薪酬体系直接与组织的战略规划相联系，从而使员工能够把自己的努力和行为集中到帮助组织在市场中竞争和生存的方向上去。

薪酬的特性除了具有保障性外，还应该具有激励作用，即使在总金额相等的情况下,由于结构与等级的不同,对员工的激励也会起到不同的作用。

① 结构与等级设计

阿米巴岗位价值薪酬设计中,结构设计主要针对不同工作岗位对任职者的能力与价值的要求进行设计。阿米巴薪酬结构常见为:岗位价值工资+目标奖金+增量分红+技术津贴+各类补贴。

岗位价值工资——是经过岗位评估后根据薪酬调查和成本分析,并结合企业的发展战略确定的某岗位不同能力和业绩所对应的工资水平。

目标奖金——是指某员工完成经营目标所获取的绩效奖金。

增量分红——是指某员工享受的超额完成利润目标的利润分红。

技术津贴——是指某员工达到某一技术级别所享受的对其任职的固定性补贴。

各类补贴——是指某员工开展工作时,因公务需要的职务性支出补贴。

阿米巴岗位价值薪酬设计中,薪酬等级设计按照以下六步法进行。

第一步:确定薪等。

第二步:确定各薪等的金额。

第三步:确定各薪等金额的上下限。

第四步:确定同一薪等的薪级数。

第五步:确定薪级差额。

第六步:形成薪等薪级表。

为了给员工更多的晋升空间,阿米巴员工岗位价值薪等薪级一般为六等十二级,如表8-2所示。岗位各等级的差额(即级差)根据该岗位所在阿米巴的上年度利润增长情况和下年度利润预算情况测定。测定的原则是各阿米巴工资总额的增长必须小于该阿米巴利润的增长,避免工资增长快于利润增长,造成公司经营的不利。

② 薪酬晋级设计

阿米巴经营模式下,对于每一个员工来说,薪酬理念是:"工资不是老板发的,而是需要自己凭能力去赚。"公司提供创业平台和机制,能不能赚到更多的钱完全靠自己努力。所以薪酬晋级有二种情况,一种是员工职务晋升的薪酬晋升;另一种是符合薪酬晋级条件的薪酬晋升。

职务晋升通常是指员工通过岗位竞聘的晋升和公司特别指定的晋升。职务晋升后薪资随之调整到相对应的岗位薪资。

符合条件的薪酬晋升(或降级)是指员工工作业绩达到某种条件,薪酬等

表 8-2 阿米巴人才岗位价值薪酬设计表

岗位价值等级薪酬标准（单位：元）

序号	巴级	巴名	职类	岗位	职称	岗位价值分值	F等				E等		D等		C等		B等		A等	
							F1级	F2级	E3级	E4级	D5级	D6级	C7级	C8级	B9级	B10级	A11级	A12级
							薪酬额	薪酬额	薪酬额	薪酬额	薪酬额	薪酬额	薪酬额	薪酬额	薪酬额	薪酬额	薪酬额	薪酬额
1																		
2																		
3																		
4																		
5																		
6																		
7																		

级随条件的达标而晋升（或降级）到相应的级别。如表 8-3 所示某公司员工薪酬晋降级标准。

表 8-3　某公司员工薪酬晋降级标准

巴别	岗位	晋升级数	晋级条件	下降级数	降级条件	备注
利润巴	巴长	晋升一级	1. 本巴季度经营目标超额完成 10% 以上； 2. 且本经营期个人月度绩效考核无违纪通报处理，无考核下浮	下降一级	1. 本巴季度经营目标完成低于目标 10% 以上； 2. 或本经营期个人月度绩效考核累计 2 次当月下浮	1. 当季晋级、降级上下限均为在本岗位薪酬基准级别基础上调整 1 级； 2. 当季晋降级结果仅在下 1 个季度执行，下 1 个季度结束后恢复原级别； 3. 本岗位连续 2 个季度被考核晋级或连续 2 个季度被考核降级时，晋降级结果固化为本岗位的基准级别
	巴员	晋升一级	1. 本巴季度经营目标超额完成 10% 以上； 2. 且本经营期个人月度绩效考核无违纪通报处理，无考核下浮	下降一级	1. 本巴季度经营目标完成低于目标 10% 以上； 2. 或本经营期个人月度绩效考核累计 2 次当月下浮	1. 当季晋级、降级上下限均为在本岗位薪酬基准级别基础上调整 1 级； 2. 当季晋降级结果仅在下 1 个季度执行，下 1 个季度结束后恢复原级别； 3. 在《阿米巴岗位价值薪酬设计表》晋级标准基础上，授予三级巴巴长根据本巴巴员工作表现每次给本巴有晋升资格的 1 名员工额外上浮一级薪资的决策权； 4. 本岗位连续 2 个季度被考核晋级或连续 2 个季度被考核降级时，晋降级结果固化为本岗位的基准级别

③ 奖金与分红的设计

企业经营目标是通过各个阿米巴经营体共同努力完成的，阿米巴通过自身努力完成了预算的利润目标时，公司除了给予阿米巴一定目标奖金外，超出部分由公司与阿米巴按一定的比例进行分享，简称为"超额利润分红"或称"增量分红"。

目标奖金设计——目标奖金设计主要有以下四项内容。

a. 明确目标奖金的来源。完成本巴目标利润公司发放的奖励，公司以阿米巴超额利润的占总比为依据计算出该阿米巴奖金总额。

b. 确定目标奖金的标准。根据岗位价值评估分数占比或价值工资核算。

（a）按岗位价值得分：员工目标奖金 = 阿米巴目标奖金总额 × （员工岗位价值得分 /Σ 员工岗位价值得分）

（b）按岗位价值工资：员工目标奖金 = 阿米巴目标奖金总额 × （员工岗位价值工资 /Σ 员工岗位价值工资）

c. 确定奖金发放对象。当期参与本阿米巴经营的本巴全体员工。

d. 规定奖金发放条件。当期享受目标奖金的限制性条件。

e. 明确奖金发放时间。与阿米巴增量分红兑现时间一起发放。

增量分红设计——增量分红一般采取三级分红制，即把阿米巴完成的超额利润分为三个段值，分别计算每一个段值的分红比例，各个段值分红金额相加即为该阿米巴可享有的分红总额（表 8-4）。

表 8-4　阿米巴三级分红表

本巴实际利润（Y）完成情况（X 为目标值）	分红级	本巴可分红总额 W 计算办法			本巴实得分红额 N
		实际利润区间	分红占比（参与分红巴：公司）	参与分红巴可分红总额 W	
$Y > 140\% \times X$	三级分红	$Y > 140\% \times X$	100%：0	$W=(Y-140\%\times X)\times 100\%+(140\%\times X-120\%\times X)\times 70\%+(120\%\times X-X)\times 50\%$	$N=(Y-140\%\times X)\times 100\%\times L3+ (140\%\times X-120\%X)\times 70\%\times L2+ (120\%X-X)\times 50\%\times L1$
		$120\%X < Y \leq 140\%\times X$	70%：30%		
		$X \leq Y \leq 120\%\times X$	50%：50%		
$120\%\times X < Y \leq 140\%\times X$	二级分红	$120\%X < Y \leq 140\%\times X$	70%：30%	$W=(Y-120\%\times X)\times 70\%+(120\%\times X-X)\times 50\%$	$N=(Y-120\%\times X)\times 70\%\times L2+(120\%X-X)\times 50\%\times L1$
		$X \leq Y \leq 120\%\times X$	50%：50%		
$X \leq Y \leq 120\%\times X$	一级分红	$X \leq Y \leq 120\%\times X$	50%：50%	$W=(Y-X)\times 50\%$	$N=(Y-X)\times 50\%\times L1$

上表中的分红比例可根据公司实际情况确定，分红系数 L 由公司财务专业人员根据各阿米巴人工成本和利润完成情况并结合员工的岗位工资水平和工作表现评估情况测定。读者如需了解系数的测定和本巴分配到每一个岗位员工的分配办法，请阅读作者另著《中国式阿米巴经营模式之人才机制操盘策略》中的相关内容。

增量分红兑现一般按月或按季进行，但建议至少每个季度兑现一次，这样更能激发员工的积极性和创造性。让员工及时分享到阿米巴经营的成果，有利于把阿米巴经营的理念与方法深入到每一个员工的心中。这样阿米巴经营就会不断在企业生根和发挥更大的作用。

3.精神激励的设计

对员工的精神激励也是调动工作积极性的重要手段。企业在满足员工物质生活需要的同时，重视精神上的鼓励和激发，可以对员工的工作能力开发以及团队精神建设带来极大的帮助。阿米巴精神激励主要有：荣誉激励、榜样激励、团建激励、文化激励、授权激励、培训激励等。精神激励的方法可以根据每个企业的实际情况开展，这里就不再详述。

第四节 阿米巴经营的统筹兼顾

一、兼顾本巴和公司

阿米巴经营是自主经营、独立核算的模式，公司赋予阿米巴巴长一定的经营决策权力，使阿米巴能迅速应对市场，快速解决问题，提高了组织的灵活性和效能性。但阿米巴经营是在公司战略统领下的经营，每一个阿米巴小组织都是为公司实现战略服务的，在公司经营理念和战略指引下，各阿米巴可灵活运用自己的资源进行日常的各项业务活动，为实现本巴的经营目标主动工作、主动创造。为了使阿米巴的经营与发展与公司战略匹配而行，公司应规定各阿米巴巴长在本巴经营过程中，行使权力应注意兼顾以下事项：

① 兼顾短期和长期利益，有损于公司长期利益的事不做；
② 兼顾短期和长期发展，有碍于公司长期发展的事慎做；
③ 兼顾短期与长期作用，有益于短期无益于长期的事少做；
④ 兼顾短期与长期效果，有益于短期与长期效果的事多做。

二、兼顾个体与整体

每一个阿米巴都可以根据本巴的实际情况，制定或调整本巴经营的制度、规范、规则和流程，但这种调整必须符合公司的大原则、大框架、总规则。各阿米巴在本巴的建章立制方面应遵守以下事项：

① 本巴制度或规则的建立或调整不对公司或其他阿米巴产生负面影响。

② 本巴制度或规则的建立或调整如对公司或其他阿米巴造成影响的，要经过上级巴长审核并报公司阿米巴经营委员会商讨通过。

③ 本巴制度或规则的建立或调整如对公司无影响，但对其他阿米巴造成影响的，要经过上级巴长审核并召集受影响的阿米巴巴长商讨通过。

④ 本巴进行阿米巴组织裂变时，如对公司整体业务或某个阿米巴业务产生影响，要经过上级巴长审核并报公司阿米巴经营委员会商讨通过。

第九章
CHAPTER NINE

管理者的财务基本知识

在阿米巴模式下，作为企业的各级管理者，要做好阿米巴经营，非常有必要学习基本的财务基础知识，包括掌握会计基本知识、知晓国家相关法规、看懂财务会计报表等，同时学会从财务指标中分析企业的经营现状，找到企业存在的问题和解决办法。

阿米巴经营需要企业建立规范的财务内控体系，确保财务数据链的完整性，数据的真实性、及时性。财务内控体系的建立与运行，是阿米巴经营健康发展的保障。它不是企业财务部门的专门工作，而是企业上下和各部门、各单位都应该重视和参与的工作。

在企业发展中，财务是贯穿于企业经营每个环节的一门工作，企业中的每个人特别是企业管理者实际上都涉及。很多人觉得财务就是财务人员、会计人员，其实财务并不是那么简单，也没有那么小的范围。

财就是钱，务就是工作，所谓财务就是一切与钱有关的工作。在企业中没有任何一项工作是和钱没关系的，所有的人都是财务人员，都应该懂得一点财务知识。特别是一个从事企业经营管理工作的人员更应该具有一定的财务知识与意识，也就是财商。

当现代经济已客观地表现为实体经济、货币经济和数字经济的三重世界时，现代企业中的管理信息网络很大程度上就是以数字形式表现出来的会计信息系统。会计是企业管理活动的一部分，它产生于企业管理系统中，以管理当局的名义向外披露会计信息，并对其可靠性、真实性负责。会计亦是公司治理结构中不可或缺的组成部分。公司内、外部利益相关者根据会计信息了解并监督企业管理活动，进而作出相关决策。这就要求企业管理者应该掌握基本的会计知识，具备基本的会计能力。

阿米巴经营模式下，公司赋予阿米巴经营者一定的权力。阿米巴巴长在行使日常经营决策和财务核算管理方面都有一定的自主性。这就更需要管理者，特别是企业的最高管理者，在财务管理和会计知识方面掌握一定的常识，最好具备一定的能力，这样才能对企业经营和发展提供更好的指导并起到推动作用，更有利于防范经营风险的发生。

第一节
管理者的基本会计知识

会计实际上是用数字记录企业的经营活动。会计用数字记录，即使使用汉字，也是一个重新编码的汉字组合。一般的人学会计不容易，原因就是其实它是一种特殊的语言，只不过这种语言采用的是用汉字来进行标注和编码，它怎么连贯起来，只有学过会计才看得懂。

企业的财务报表其实就是企业某段时间的一段故事，我们要能从中发现这里面的事件发生的前因后果，以及预测它未来的发展方向。

现代企业要求规范化管理，要求会计资料健全。凡是企业就要有会计资料，就需要对资金的筹措和使用进行规划，就离不开财务管理。作为优秀的企业管理者，需要具备哪些方面的会计知识呢？

一、掌握会计基本知识

作为一名企业的管理者，必须了解会计信息，会计知识的理论框架，会计原则，会计科目与会计账户，借贷记账法。

会计信息是由一系列表格和要素所组成的，它们从凭证到科目、账户直至会计报表。会计是一个商业信息提供系统，把企业有用的各种经济业务，统一成为计量单位，通过记账、算账、报账的程序来提供反映企业财务状况和经营成果的经济信息。

会计信息系统包括以下内容。

① 监督、选择、识别各种重要的变量（例如：货币和非货币）。

② 计算、记录被选择的变量或事项（例如：计量、记录什么、什么时候）。

③ 通过对资料数据的分析和记录，为长期的经营决策提供相关信息。

④ 反映和揭示出多种信息，为决策者服务。

会计常用的报表有：

① 资产负债表（B/S）。

a. 会计公式：资产＝负债＋所有者权益。

b. 会计表达的方式：资产＝负债＋所有者权益。

c. 报告形式：资产－负债＝所有者权益。

② 损益表。

会计公式：收入－成本费用＝利润

二、知晓国家财税法规

了解国家财务会计法规，知道哪些事企业能做、哪些事企业不能做。企业违反国家财务制度企业负责人应当承担的责任。财务人员的职责、审计人员的职责。企业的财务管理内容、财务管理程序、财务人员素质、财务人员工作环境以及财务工作结果的运用程度。

企业财税常用的法律法规有：《中华人民共和国会计法》《中华人民共和国审计法》《中华人民共和国预算法》《企业会计制度》《企业财务通则》《中华人民共和国个人所得税法》《中华人民共和国企业所得税法》《中华人民共和国税收征收管理法》等。企业管理者应该学习和了解这些法律法规，为企业合法合规经营创造条件。

三、看懂财务会计报表

管理者必须会看财务报表，能进行会计报表分析，对企业有一个基本判断。

公司财务报表既反映了公司的财务状况，同时也是公司经营状况的综合反映。因此，通过分析公司财务报表，就能对公司财务状况及整个经营状况有个基本的了解。了解资金运作是否合理，生产原料、辅料、产成品、半成品、资金搭配结构是否适当。然后根据企业生产特点进行月、季、半年分析，发现不利因素及时调整决策。能够通过财务报表进行对比分析，对产、供、销各个环节进行额度比较，从而挖掘潜力、降低成本、提高效率。能够通过财务制度规范企业生产经营行为。

企业管理者只有懂点财务知识才能遵守国家财会法规，对财务报表负责，才能指导财会人员工作，才能在企业内部建立内部监督机制。也只有懂一些财务知识，才能用一些财务指标来建立企业的绩效评价机制，才能防范企业的财务风险。

作为一名企业管理者，还要能充分发挥财务部门在聚财、理财及财务监督方面的职能。

现代企业制度要求企业管理者抓好资金的计划性管理，使资金定时、定量、定额运作，保证企业经营正常进行。调控应收、应付账款，清理内部、外部资金。使资金得到合理运用是财务部门的职责，也是企业管理者应关心的问题。管理者懂财务知识，才能充分发挥财务部门在聚财、理财及财务监督方面的职能。

第二节
学会用报表管理企业

现在有的企业管理者整日忙于生产和经营，对学习不重视。特别是一些中小企业、私营企业管理者，更是重市场、重产品、重技术而轻财务。他们认为决策就是生产、技术、策划、研发、销售方面的事情，不知这些决策都是为了赢利，都离不开财务数据。管理者不掌握一些财务知识、不研究企业财务管理问题、财务风险意识淡薄，是不利于企业发展的。

从企业各类财务报表中的提炼和分析数据，用于经营决策和工作改善是管理者应该具备的能力。

一、资产负债表的应用

企业资产负债表又称财务状况表，反映的是企业某一时点的财务状况，表明企业所拥有或控制的资源及其具体分布情况，因此其具有静态的特点。企业财务人员一般都知道，资产负债表是依据总账和明细账等分析填列的，企业的所有资产、负债及所有者权益都可以通过这张表来体现。编制资产负债表时，按照各种资产的变化先后顺序逐一填列在该表的左方，用以反映企业的各项财产、物资、债权、投资以及权利等；按照负债和所有者权益的变化顺序逐一填列在表的右方。需要指出的是负债一般分为流动负债和非流动负债，而所有者权益的金额则需要先通过确认资产和负债的金额计算得出。所有者权益一般包括实收资本（股本）、资本公积、盈余公积和未分配利润，后两者合称留存收益。

通过企业资产负债表，可以计算及分析各项财务指标，进而对企业的经营情况进行判断和预测。可以说，在无法进入到一个公司去调研的情况下，读懂经过审计的财务报告对了解该公司非常有用。当然，这其中也会有一些上市公司、私营企业等因为特定的目的而粉饰财务报表，这就需要投资者练就火眼金睛，透过企业资产负债表发现企业存在的各种问题，为投资决策提供有效的支持依据。

企业资产负债表的各项要素都能让使用者了解到哪些信息呢？一般来说，企业的短期偿债能力、长期偿债能力、股权结构都可以透过资产负债表计算出的财务指标等进行评价，进而了解企业的真正实力。

分析评价企业资产负债表，可以从水平、垂直和项目进行分析。为了读懂报表，下面逐一简要介绍几种分析方法。

① 资产负债表水平分析，是指将本期的报表各项目与上期或者预算进行比较，关注变动额、变动率等是否发生异常，并寻求原因。

② 资产负债表垂直分析，是指通过观察资产负债表各项目所占资产总额或权益总额的比重，来评价企业的资产结构或者权益结构是否合理。比如制造企业的固定资产和存货占资产总额的比重应该是很大的，而金融公司报表的固定资产所占比重就应该非常小，存货更是几乎没有才对。

③ 资产负债表项目分析，则是对报表的各个项目进行评价。像对货币资金、应收账款、固定资产、存货、长短期借款、实收资本等项目进行详细分析，都可以直观地了解企业的财务状况。

二、损益表的应用

损益表反映企业在某一段时间内的获利情况。它与资产负债表的一个显著区别是每一新的会计年度开始时，收益表上的各账户都会被结平，其余额为零。

该报表的一般关系式可表示为：

收入 − 总费用 = 净利润（或净损失）

这一表达式可派生出下列表达式：

营业利润 = 销售收入 − 成本费用合计

成本费用合计包括：销货成本，销售费用和管理费用，折旧。

税前利润 = 营业利润 − 利息费用

净利润 = 税前利润 − 税金

净利润（或净损失）代表企业的净盈利状况。其通常被称为"底线"。作为经营者，重要的是要时刻意识到你所真正赚得的是净利润，而不是营业利润。在经营中，我们应该注意以下几个问题。

（1）关于销售成本应该考虑的问题

① 可以通过与供货商重新协商或寻找新的、较便宜的供货商来降低销货成本吗？

② 可以大批量购进存货，以期有效地降低销货成本吗？

③ 可以用其他的物品、材料和产品，代替目前采购的吗？

④ 可以提高自己产品的销价吗？

（2）关于销售费用和管理费用应该考虑的问题

一般来说，当销售费用和管理费用急剧下降时，多是周密计划管理的结果。可以考虑如下的问题：

① 费用的降低是由裁员引起的吗？换句话说，有职员被解雇或者公司规模缩小了吗？如果是这样，与裁员和缩小规模等相关的直接、间接费用是多少？

② 费用的降低是否由薪水的降低引起的？是否是由企业销售人员或独立的销售代理部门的佣金降低所引起的？

③ 费用的降低是否是通过有关雇员费用和雇员福利的开支紧缩引起的？

④ 费用的降低是否是像办公室租赁费、公用设施（例如：电话等）和保险这一领域的支出减少所引起的？如果是这样，这么做是否值得？

⑤ 费用的降低是否源自研究和开发的缩减？如果是这样，其可能对企业将来的盈利情况产生什么影响？

（3）关于成本与费用合计应考虑的问题

① 这一比例与同行业水平相比如何？

② 这一费用项目是否能在不产生不利影响的前提下得到进一步的降低？

（4）关于折旧费用应考虑的问题

折旧时，基于折旧费用反映了企业因设备等不动产的损耗或自然淘汰引起的税收抵减的潜力，我们可以考虑以下这个问题：折旧费用的增加是由购买新的机器设备或其他不动产引起的，还是由所使用的折旧方法的变更引起的？

（5）关于利润应考虑的问题

营业利润与净利润的比较，企业用其所获利润进行投资以获得国家的税收减免优惠，或者企业净利润的增加仅是由于利率和利息费用下降而侥幸所得？

三、现金流量表的应用

这一报表揭示了在某一特定时期内现金的来源与运用，集中反映了企业所获得的收益和现有的债务。

现金流量可以分为三类：

① 经营活动所带来的现金流量；

② 投资活动所带来的现金流量；

③ 筹资活动所带来的现金流量。

利用现金流量表，可以进一步得出你的公司的一些基本结论。有些活动引起企业现金流入，而有些活动却没有，其最终的结果是要使企业收入的现金更高于支出。

如何充分使用资金？

俗话说，"借钱难，用钱更难"。企业要用好钱就要"把钱花在点子上"。这就要求现代企业的经营者在运用资金时，随时注意根据各种资金的性质、结构和营运的需要，合理分配，使之能周转如流，避免风险，达到盈利的目的。资金运用是事关企业存亡的十分重要的问题。

首先，在资金运用上，凡属资本性的开支，必须获得稳定可靠的资金来源。这是因为资本性的占用，如固定资产的投资，属于长期占用，应选择成本费用最低的资金来源，应以内部自有资金为主。因此，投资之始，筹足稳定可靠的自有资金，是运用好资金的重要条件。即使在自有资金不足、需要依赖借入资金的情况下，在使用时，也要注意资金成本、归还来源以及归还期限的搭配，充分估计风险的可能性，采取避免风险的预防措施等。这是掌握资金运用的要领。

其次，在企业营运过程中，要注意固定资产与长期债务保持合理的比率。固定资产使用期限长、价值补偿分散、周转慢，其变现的能力差。因此，企业在获得长期债务来源时要充分考虑抵偿债务的能力。一般说，要使自己的固定资产规模高于长期债务规模，即长期负债的比率不宜高于固定资产的价值，其结构比率应视企业投资结构而定。

最后，流动资产与流动负债，要保持适当比率。流动资产的运用，就其性质而言，具有周转快、变现力强、有自偿能力的性质。但也不能忽视其有遭受市场风险、违约风险和财务风险的可能，即遭受市场价格波动影响的销售损失；企业的债务人不能按时履约归还欠款；由于财务收支、分配安排上可能出现的时差、盈亏不平衡，致使企业出现现金调度失灵、遭致偿还流动负债的困难等等。这就要求在运用流动负债的同时要考虑到它对流动资金的比率与配合。在一般情况下，也应做到流动资产高于流动负债的比率，并应随经营状况随时加以适当调整。

总之，企业运用资金的结构和比率，是通过企业健全的供、产、销计划和财力收支的综合平衡，并随时注意调节资金营运行为来实现的。

企业在筹集与运用资金问题上，还必须注意两点：

① 企业和它的经营组织者必须熟悉和精通金融业务，随时掌握金融市场的变化，充分运用金融市场来为企业获得广泛的资金融通服务；

② 现代企业家必须树立起商品经济的投资意识，实行投资决策的科学化和民主化，才能获得事业的成功。

第三节
从财务指标分析看企业经营

你知道你公司的财务状况如何吗？财务状况分析将告诉管理者企业经营质量的好坏，并采取相应的决策行动。

财务状况分析是指企业在一定时期内，以资产负债表、损益表、财务状况变动表及其它附表、财务情况说明书等为依据，通过各类指标数据分析企业的财务状况，做出财务评价，进行经营决策。

一、企业偿还能力分析

企业偿还能力的大小,是衡量企业财务状况好坏的标志之一,是衡量企业运转是否正常,是否能吸引外来资金的重要方法。反映企业偿债能力的指标主要有以下几个。

1.流动比率

$$流动比率=(流动资产总额/流动负债总额)\times 100\%$$

流动比率是反映企业流动资产总额和流动负债比例关系的指标。企业流动资产大于流动负债,一般表明企业偿还短期债务能力强。流动比率以 2∶1 较为理想,最少要 1∶1。

2.速动比率

$$速动比率=(速动资产总额/流动负债总额)\times 100\%$$

速动比率是反映企业流动资产项目中容易变现的速动资产与流动负债比例关系的指标。该指标还可以衡量流动比率的真实性。速动比率一般以 1∶1 为理想,越大,偿债能力越强,但不可低于 0.5∶1。

3.现金比率

$$现金比率=(现金类流动资产/流动资产总额)\times 100\%$$

现金比率是反映企业流动资产中有多少现金能用于偿债。现金比率越大,流动资产变现损失的风险越小,企业短期偿债的可能性越大。

4.变现比率

$$变现比率=(现金类流动资产/流动负债)\times 100\%$$

变现比率反映企业短期的偿债能力,又具有补充现金比率的功能。

5.负债流动率

$$负债流动率=(流动资产/负债总额)\times 100\%$$

它是衡量企业在不变卖固定资产的情况下,偿还全部债务的能力。该比率越大,偿还能力越高。

6.资产负债率(负债比率)

$$资产负债率=(负债总额/资产净值)\times 100\%$$

资产净值是指扣除累计折旧后的资产总额。它反映企业单位资产总额中负债所占的比重，用来衡量企业生产经营活动的风险程度和企业对债权的保障程度。该比率越小，企业长期偿债能力越强，承担的风险也越小。

二、企业周转能力分析

周转能力反映企业生产经营资金在获利条件下的周转速度。考核的主要指标有以下几个。

1. 应收账款周转率

应收账款周转率 = 赊销净额 / 平均应收账款余额 × 100%

应收账款周转天数 = 日历天数 / 应收账款周转率

应收账款周转率是反映企业在一定时期内销售债权（即应收账款的累计发生额）与期末应收账款平均余额之比，用来检测企业利用信用环节展销货业务的松紧程度，反映企业生产经营管理状况。

2. 存货周转率

存货周转率 =（销售成本额 / 存货平均占用额）× 100%

存货周转天数 = 日历天数 / 存货周转率

存货周转率反映企业存货在一定时期内使用和利用的程度，它可以衡量企业的商品推销水平和销货能力，验证现行存货水平是否适当。

3. 流动资产周转率

流动资产周转率 =（销售收入 / 流动资产平均占用额）× 100%

该指标用来衡量企业生产产品是否适销对路，存货定额是否适当，应收账款回笼的快慢。

4. 固定资产周转率

固定资产周转率 =（销售收入 / 固定资产平均占用额）× 100%

该指标表明固定资产的价值转移和回收速度，比率越大，固定资产的利用率越高，效果越好。

三、企业获利能力分析

企业获利能力分析的目的在于观察企业在一定时期实现企业总目标的收益及获利能力。衡量企业获利能力主要有下列指标。

1. 资本金利润率

$$资本金利润率=(企业利润总额/注册资本总额)\times 100\%$$

该指标是衡量企业经营成果、反映企业获利水平高低的指标。它越大,说明企业获利能力越大。

2. 销售利润率

$$销售利润率=(利润总额/产品销售收入)\times 100\%$$

该指标是反映企业实现的利润在销售收入中所占的比重。比重越大,表明企业获利能力越高,企业的经济效益越好。

3. 成本利润率

$$成本利润率=(利润总额/成本费用总额)\times 100\%$$

该指标是反映企业在产品销售后的获利能力,表明企业在成本降低方面取得的经济效益如何。

4. 资产报酬率

$$资产报酬率=平均资产总额\times 100\%$$

该指标是用来衡量企业对所有经济资源的运用效率。

四、企业成长能力分析

企业成长能力分析的目的是为了说明企业的长远扩展能力和企业未来生产经营实力。评价企业成长能力的主要指标有以下四个。

1. 股本比重

$$股本比重=股本/股东权益总额$$

该指标用来反映企业扩展能力的大小。

2. 固定资产比重

$$固定资产比重=固定资产总额/资产总额$$

该指标用来衡量企业的生产能力,体现企业存在增产的潜能。

3. 利润保留率

$$利润保留率=保留利润/税后总利润$$

该指标说明企业税后利润的留存程度,反映企业的扩展能力和补亏能力。

该比率越大,企业扩展能力越大。

4. 再投资率

$$再投资率 = 再投资收益额 / 股东权益$$

该指标是反映企业在一个经营周期后的成长能力。该比率越大,说明企业在本期获利大,今后的扩展能力强。

必须指出,上述各指标是从不同角度、以不同方式反映和评价企业的财务状况和经营成果,因此要充分理解各种指标的内涵及作用,并考虑各指标之间的关联性,才能对企业的生产经营状况作出正确合理的判断。

第四节
财务内控管理体系构建

财务管理在企业经营中,是一个极其重要的组成部分。财务管理的成效在很大程度上决定了企业经营的质量。因此,把企业的财务管理工作做好,具有极大的重要性。对企业来讲,应该建立和完善财务内控管理体系。

一、构建企业财务内控管理体系的重要性

1. 利于降低企业经营风险

当前,为有针对性地管理企业运行中的各项工作,在企业内部,应努力建立并健全财务内控管理体系,展开相应的财务管理、控制工作,同时,担负起对企业管理行为进行监督的职责。这样,在企业工作中,财务管理者犯错的可能性便大大降低,进一步使企业财务运转的准确性得到确保。企业内控管理体系的建立与运用,可以使企业的财务监管部门工作者监督和监测财务的预算、审批、授权,以及财务管理等各方面工作情况。通过这种方式,才能有效控制财务管理人员和各级经营管理者的行为,使企业在运行和管理中可能存在的风险大幅降低。

2. 利于开展企业财务活动

在进行财务活动之时,企业运行的轨道是较为科学而有序的。这也就相当于,企业是以部门数量、职位需求大小为依据进行内控管理设计的。与此同

时，财务工作在企业内，不仅是相互分离，更是相互牵制配合的。并且，对企业而言，建立比较完善的绩效评价体系，是具有积极作用的。而这也就使企业能够环环相扣地开展财务活动，相互监督，使企业有序开展各项工作，并使企业经营水平得到保障。

3.利于完善内部控制体系

在日益激烈的国内外市场竞争中，一个企业，若想发展得更快更强，最重要的就是具有足够的市场竞争力。也就是说，企业需要尽可能地提高生产效率，并且需要保持一定高度的整体水平。这一切的前提是企业能够建立完善的财务内控管理体系。只有企业建立并健全了一套完善的财务内控体系，才能及时发现并解决企业财务方面的问题。

二、构建企业财务内控管理体系的策略

1.完善财务内部管理制度

财务内部管理制度从本质上而言是企业进行各项财务管理措施的基础，应该积极地对其进行完善。首先，保证各种不相容职务之间的独立性，合理进行财务工作分工，明确岗位职责，理顺财务工作流程，规范授权审批程序。如在进行企业财务会计信息的搜集时，不但要填制好相应的单据，同时还必须要依靠专门的人员进行再次审核，之后再上交财务管理人员审批，而对于部分现金业务，其审批活动和印鉴的保存必须要由不同的部门和人员进行单独管理，这样才能够起到很好的制约作用；其次，对一部分关键性的财务物品必须要做好登记保管清查盘点工作，并严格贯彻执行相关的管理制度；最后，在对财务管理人员进行选拔的过程中必须要严格贯彻相关的标准，尽可能地选择那些能遵循会计职业道德、拥有较高职业素养以及专业技术能力强的人员，同时企业必须要定期展开针对财务人员的教育培训，确保财务内部控制管理工作有序开展。

2.建立财务内控体系

无论是企业基层员工或者是管理人员都应该认识到财务内部控制管理工作属于企业内部所有人员的责任，因此企业管理者必须要积极地带领全体员工，让所有员工都可以参与到财务内部控制中去，而并不是像过去那样简单地被动执行财务内控管理制度。

做好财务内部控制管理体系的构建，重点要求是：

① 企业的决策层应重视财务管理在企业管理中的重要地位，提升财务部门和财务人员在企业中管理地位，发挥好财务的监督、管理职能，让财务人员带动其他部门人员参与到企业的内控管理中来；

② 确保企业拥有能够融入各项财务活动的相关管理制度，构建以监督防范为主的财务管理体系；

③ 必须要有事后监督体系，在相关人员开展核算工作以后，对企业财务会计信息进行再一次的检查；

④ 在条件允许的情况下，在企业内部审计监督部门的基础上设置审计监督委员会，并且由企业董事会直接负责，通过全方位的措施来严抓财务内控管理。

3. 严抓财务信息质量

仔细审查原始凭证，对于不符合规范要求的必须要坚决退回，对于原始凭证的相关格式、编制、保存以及传递的流程都应该根据相关要求来严格执行，对于不符合标准要求的凭证坚决不开展账务处理；采取系列措施确保账簿设置的科学性以及账簿运用的合理性，保证账簿登记、结账过程中的合法性；科学设置对内对外报送的报表体系，使信息全面翔实；坚决贯彻落实岗位交接流程，保证企业现金、银行存款数据和账面的一致性，确保会计凭证、账簿、报表的完好准确，确保账账相符、账表相符。

4. 强化企业财务内部监督

企业财务内部监督工作一般来说是通过企业专门设置的部门或者指定人员对企业财务内控制度体系建设的科学性、合理性以及合规性进行监督检查，保证企业财务内部控制制度真正得以落实。在实际工作过程中必须要展开常态性的监督工作，使其能够成为企业日常管理工作过程中的关键部分，对于体系建设过程中产生的问题进行及时处理。财务管理工作监督者必须要对企业各项经济业务的合法性和科学性进行审核，对财务会计信息和财务交易活动进行实时监督。

5. 加强财务队伍建设

一方面是必须不断提升财务内控意识，提高理论水平。企业可以开展宣传、授课、培训、交流等不同的形式来提高企业财务管理人员的业务水平，增强企业管理人员对于财务内部控制的重视程度，让企业中的所有人员都能够树立财务管理人人有责的意识，不断强化企业人员在构建财务内部控制管理体系过程中所担负的责任,这才是建设财务内控管理体系的基础。另一方面是应该进行定期的培训教育活动,提高财务人员的专业理论水平。企业应该做好外部环境对财务工作人员的影响分析,第一时间把握财务工作者的思想状况,根据岗位的不同职责要求进行职业道德教育活动,提升财务工作者的职业道德素质,并且定期展开专业性教育活动或者组织业务技能竞赛,让企业财务人员能够得到不断的提升,从而提高企业财务管理工作水平。

总之,企业财务内部控制管理工作具有非常重要的意义,对于企业财务管理人员而言,必须要从本企业的发展实际出发,科学合理地制定内控制度,构建内控体系,保证财务内部控制体系能够得以真正的落实。不管是企业的普通员工还是管理层人士,都应该清晰自身职责,为企业财务内控管理体系的构建作出自己的贡献。这样才能够保证企业各项财务活动真实有效,保证企业财务信息发挥出实际的作用,从而推动企业持续稳定发展。

后记：

新常态下中小企业管理的创新

全球经济复苏乏力导致的出口环境恶化、转型升级带来的资源环境约束硬化以及人口红利消失引起的劳动力成本上升等因素使得我国经济开始进入中低速增长的"新常态"。在这一新的阶段和形势下，以创新来推动转型升级就成为我国中小企业实现生存和发展的必由之路，而在所有的创新活动中，管理创新处于综合统筹、指导协调的核心地位。"十二五"规划更是首次将企业的管理创新工作纳入国家战略，这预示着在未来的很长一段时间内，能否实现管理创新将成为决定一个企业特别是中小企业在市场竞争中成败的关键所在。因此，中小企业如何在新常态下实现管理创新就成为一个亟待解决的问题。笔者结合中小企业自身的成长特点和现阶段特定的内外部环境对此进行初步探讨。

实际上，管理创新在我国并不是一个全新的概念。在国有企业改革的过程中，管理创新成为激发国有企业活力、提高国企运营效率的关键所在，以所有权和经营权分离为代表的现代公司制管理模式和以 ERP、MRP 为代表的现代管理技术被大量引入国企改革的过程中，并创造了国企改革三年脱困的奇迹。但是这种直接引进和模仿的成功经验也导致了一种管理创新路径上的思维定式，即我国中小企业也应该直接引入西方先进的管理模式以实现管理创新。笔者认为，这种照搬式的管理创新路径不一定适用于现阶段的中小企业，特别是中小民营企业。

下面，对我国中小企业管理特性及管理创新存在的问题做个简要分析。通过分析，再来发掘中小企业管理创新的路径与实现策略。

一、中小企业的管理特性分析

1. 管理机制的不同

我国私营中小企业的所有者一般就是企业的管理者，其承担着全部的风险和责任，对员工进行直接的领导和管理，可以促成一个广泛的、非官僚主义的管理模式。因其集中了全部的管理权限，可以独立自主地进行管理。其通常缺乏外部监督，决策的正确与否取决于个人的整体素质，是企业经营成败的关键。

大型企业的所有者一般委托专业的经理人来管理企业，经理人负责日常的经营活动，承担着有限的风险和责任，通过一系列规章制度对员工进行管理，因此形成了一个间接的、官僚主义的管理模式。其管理权限清晰有限，管理决策遵循特定的程序，并在一系列外部监督的约束下进行。其决策正确与否主要取决于个人的专业素质，决策失误之后通常会被替换，而不会影响企业的生存。

2.管理职能的不同

私营中小企业能够迅速做出权威及时的决策。管理者的目标就是企业的目标，执行管理职能时较少受到外界因素的干扰，通常执行的是中短期计划，因而私营中小企业管理者更多地是一个策略家，企业大小事情基本都装在自己的脑袋里面，通过发号施令实施管理。

而大型企业管理者的决策需要经过一系列的程序并受到严格的外部监督，管理者的目标与企业利益相关者特别是企业所有者之间通常存在差别，需要某种协调机制。由于管理层存在着权力斗争，因此其决策执行会受到一定外界因素的干扰，通常需要执行一个长期的战略目标和计划，因此大型企业的管理者更多地是一个战略家。

3.管理过程的不同

私营企业管理者与所有者的合一使得其决策非常迅速和及时，并可以在企业内部通过非正式甚至是口头的方式获得认可和执行。一旦外界环境发生变化，企业管理者可以随时改变决策，因而其管理通常具有家长制的作风，不拘泥于特定的规章制度和程序形式，非常灵活。

但是大型企业所有者与管理者的分离使得管理者的决策要遵循特定的程度和规章制度，其决策的达成通常需要以非常正式的会议和讨论来实现并以书面文字的形式规定下来，亦需要一整套严格的激励约束设计来保障决策得以执行，在外界环境发生变化需要改变决策的时候也需要遵循严格的程序和形式，因此管理者的权力受到严格限制以维护所有者的权益，但也导致决策不够灵活。

二、中小企业管理创新存在的问题

通过以上分析，可以发现我国中小企业和大企业之间在管理特性上存在显著区别，因此适合于大企业的管理创新路径不一定适合于中小企业，而且我国中小企业在管理创新上还存在自身特殊的问题。

1.过于保守和盲目冒进并存

由于中小企业的管理者需要对企业的经营风险负全责，并且经营决策不受控制，因此其管理创新通常存在两个极端：一个是过于保守，不敢将企业的经营管理权交付别人，凡事事必躬亲，决策事无巨细，导致企业员工失去积极性，在遇到企业所有者不熟悉的问题时难以有效解决，使很多中小企业在环境条件发生变化后无法调整前进方向，导致企业经营失败；另一个是盲目冒进，不顾企业实际，跟风学习其他企业先进的管理经验，导致水土不服，或是失去了企业的实际控制权，或是培养了竞争对手，导致企业在竞争中失去有利地位。

2.资金投入不够，管理技术和手段落后

由于中小企业管理者更加关注中短期目标，且通常规模较小，资金和资本实力较弱，因此管理者会将有限的资源用于生产，而忽视了管理技术和管理手段的改进，这在传统的技术条件下是可行的，但是在技术条件发生重大变革的情况下通常会导致企业经营的失败。尤其是在目前信息技术普及的背景下，中小企业经营者如果不投入资金完善自身的信息管理技术和手段，就很难满足消费者的需求，也很难对原材料采购、商品生产和销售进行高效管理。但是到目前为止，我国大多数中小企业都没有意识到信息化的管理技术和手段的重要战略地位。

3.家长制管理作风明显，缺乏企业文化建设

中小企业的管理者作为企业的所有者，集中的管理权限和灵活的决策过程使企业的家长制管理作风明显，管理者的素质通常会决定企业的形象，再加上管理者对中短期目标的重视，使得我国中小企业的文化建设非常落后。一方面，管理者为了维持权威，对于员工实行严格的控制，员工工作环境比较压抑，难以调动员工的积极性；另一方面，压抑的工作环境又导致较高的员工离职率，企业向心力较差，难以形成持续的积极的企业文化，从而形成了我国中小企业管理特有的恶性循环。

总之，我国中小企业与大型企业在管理特性上存在显著不同，在管理创新上也存在自身特殊的问题，因此需要根据实际情况设计一条全新的管理创新路径。

三、中小企业管理创新的路径与实现策略

根据企业的生命周期理论，可以将企业的发展过程划分成为三个阶段：初创期、成长期和成熟期（衰老期）。由于在每个阶段上企业的规模和目标存在显著差异，因此需要根据每一个阶段的特点来制定相应的管理创新策略。而根据上文对管理创新存在问题的分析，又可以将这种管理创新策略概括为"管理

模式＋管理技术＋企业文化"三个元素的组合。这样就可以有效克服企业管理过程中存在的过于保守和盲目冒进这样两个极端，并为我国中小企业的管理创新寻找到一条全新的路径。

1.初创期的管理创新策略

对于初创期的中小企业，无论是所有者还是员工都是所在领域的新手，所面临的风险较大，再加上企业的规模较小，业务较为简单，因此企业的所有者应当同时担任企业的管理者和决策者，对企业进行全面管理，因此应采用所有者与管理者合一的管理模式；在管理技术方面，应该实行基本的信息化管理，这包括构建企业门户网站，企业内部网络、企业电子信箱和即时通讯系统的建设，企业现金流管理系统以及CAD系统的构建等，通过这些基本的管理技术来打造基于互联网的产品推广平台，并实现员工之间的有效沟通，从而为企业全面信息化打下基础；在企业文化建设方面，应以调动员工积极性为主，建议以道家理论中"道法自然、阴阳和谐"的精髓理念为基础，实现管理者与员工和平相处、互信互利，以达成上下一气、和平一致的企业文化氛围。

2.成长期的管理创新策略

对于成长期的中小企业，所有者已经对所在领域有了相当了解，积累了较多的经验，而最初的员工伙伴也已经能够独当一面，成为某一方面的业务能手，再加上企业的规模持续扩大，业务不断分化，此时企业的所有者已经不能够事必躬亲，而且在某些方面与员工或者其他专业人士相比并不占有优势，此时企业的所有者可以考虑将部分日常管理权交给表现突出的员工或者职业经理人，而自身专注于其他更加重要的工作和事情上，因此在企业的快速成长期应采用部分委托代理的管理模式；在管理技术上，此时应实施较为全面的信息化建设，即信息深化应用工程，这包括企业运营管理系统、ERP系统、条码技术应用以及PDM（产品数据管理）系统等；在企业文化建设方面，此时正是企业用人之际，应该以墨家理论中的"兼爱、非攻、尚贤"为理论基础，推进领导与员工之间的和谐相处，使员工的个人利益与个人发展和企业的利益与企业的发展紧密相连，并重用德才兼备之士。

3.成熟期（衰老期）的管理创新策略

当企业步入成熟期，各方面的经营活动都已经步入正轨，可以按部就班地进行，企业的规模达到最大，业务也趋于复杂和完善，中小企业也转而变身为大企业，此时企业的所有者积累了足够的经验，也有了充分的人才储备，因此应该将经营权完全下放，交给合格的职业经理人，而自身专注于企业长远发展的战略决策，此时企业将形成所有权与经营权完全分离的现代公司制管理模式；在管理技术上，企业应实施信息化战略支撑工程，将企业信息化应用延伸到车间与供应链，实现企业信息化系统的闭环和全面集成，从而最大程度地实现科学决策；在企业文化建设方面，由于企业已经完全步入正轨，企业如何实现持续有序运行便成为头等大事，因此建议企业以儒家的传统理论"君臣有别，社会有序"为基础，结合现代的企业制度，制定全新的规范性企业文化。

总之，以上分析在将企业的发展划分为初创期、成长期和成熟期，并将企业的管理创新策略分解为"管理模式＋管理技术＋企业文化"三大因素有机组合的基础上，提出我国中小企业管理创新的具体路径。此外，在管理创新的过程中，中小企业所有者要特别注意处理好家族成员和职业经理人的利益冲突，坚持任人唯贤、任人唯德和任人唯能，以吸引人才和留住人才，还要注意积极利用社会力量比如专业的咨询机构来解决经营过程中所遇到的管理问题。

以上在探讨我国中小企业管理特性和管理创新存在问题的基础之上，分析了实现其管理创新的具体路径。笔者研究发现，中小企业的管理创新必须将管理模式、管理技术和企业文化三者有机结合，并根据企业不同的发展阶段设计不同的创新策略组合。

具体来说，在初创阶段，企业应该实行所有权与经营权合一的管理模式、基本的信息化管理技术和以道家理论为基础的企业文化；在企业快速成长期，应该实行部分委托代理的管理模式、全面的信息化管理技术和以墨家理论为基础的企业文化；而在企业的成熟期，则应该实行所有权和经营权完全分离的现代公司制管理模式、信息化战略支撑管理技术和以儒家理论为基础的企业文化。

阿米巴经营模式是稻盛和夫创立的特有的企业经营管理模式，两个世界五百强——京瓷和第二电信以及后来的拯救日航，都是依靠了阿米巴经营模式和阿米巴会计学。笔者和他的团队在长期的企业经营与咨询实践中，在稻盛和夫阿米巴经营模式基础上，成功地把"管理模式＋管理技术＋企业文化"三者相结合，创立了"统、分、算、奖"的中国式阿米巴经营模式，并且为中国许许多多的企业带去了机制力量和利润倍增的效果。众多成功案例的事实证明，成长期和成熟期的中小企业非常适合使用这套模式。这套经营模式既是企业经营方式的转型,也是企业管理体制的创新,它让每一位员工都能成为主角,主动参与经营,进而实现"全员担当,全员创造",从而打造出一支激情四射的经营团队,持续打造和复制经营型人才。

经济环境新常态下,不是企业要不要做阿米巴,而是时代选择了阿米巴。

参考文献

[1] 稻盛和夫. 阿米巴经营 [M]. 陈忠,译. 北京:中国大百科全书出版社,2009.

[2] 三矢裕,谷武幸,加护野忠男. 稻盛和夫的实学:阿米巴模式 [M]. 刘建英,译. 北京:东方出版社,2010.

[3] 王守江. 我国企业管理创新的路径 [J]. 中外企业家,2013 (31).

[4] 稻盛和夫. 稻盛和夫自传 [M]. 陈忠,译. 北京:华文出版社,2010.

[5] 慈玉鹏. 阿米巴经营 [J]. 新远见,2012 (3).